まわりの先生から

すごい！
「残業しないのに、
仕事できるね」

と言われる本。

瀧澤 真［著］
Takizawa makoto

学陽書房

まえがき

　2013年OECD国際教員指導環境調査（TALIS）によれば、日本の教師の勤務時間は参加国（34か国・地域）中最長で、平均よりも1日2時間以上長く働いていることが明らかになりました。また、研修への意欲は高いものの多忙なために参加が困難な状況だともいいます。

　実際、私のまわりを見渡しても、朝早くから夜遅くまで働いている教師がたくさんいます。管理職として、私もしばしば「早く帰るように」と声をかけますが、「帰りたいのですが、なかなか仕事が終わらなくて」と言われてしまうと、無理に帰すわけにもいかなくなります。

　確かにかつてに比べて、教育現場で扱う問題は非常に多様化しました。また、保護者の要求なども多くなり、その対応に時間がかかることも増えています。ですから、「早く帰れない」原因を個人の資質の問題と片付けることには違和感があります。

　しかし、だからといって、外的要因を簡単に変えることはできません。それならば、現状よりは少しでも効率良く仕事をし、自衛してもらわねば……。そんな現場での実感が、本書を執筆した動機です。

　自分のことを振り返ってみると、若い頃はそれほど遅くまで仕事をした記憶がありません。新規採用者がとても少ない時代で、職場には同世代がほとんどいませんでした。そこで、仕事をさっと切り上げて、他校に勤める同期の仲間とスポーツをしたり、食事をしたりしていました。

次第に帰りが遅くなっていったのが30代半ば頃です。研究主任として公開研究会の開催に関わったり、5クラスある学年の主任になったりしたからです。さらに、そうして忙しくなってきたタイミングで、妻がフルタイムで働き始めました。そのため、2人の子供の保育園への送迎、朝食や夕食作りなどを担当することになりました。そうなると18時には子供を迎えに行って、それから夕食を作らなければなりません。必然的に、あれこれと自分なりの仕事術を工夫することとなります。

　そこでまず考えたのが、「家計のやりくりの考え方を、時間のやりくりに生かせないか」ということでした。実は家計のやりくりには、結構自信があったのです。

　では、どうしたらお金が貯まるのか。

①あらかじめ決められたお金で生活する（給料から天引きする）
②支出を見直す（節約する）
③収入を増やす

　そして、この3つを、時間のやりくりに当てはめ、生かすことにしました。

　①は、時間を天引きするということです。例えば、夜の20時以降は絶対に仕事をしないようにするとか、1日の労働時間は10時間を絶対に超えないようにするなどです。仕事をしない時間をあらかじめ決めるという発想をもつようにしました。

　②は、やらないことを決めたり、今までよりも短時間でやったりするということです。そのためには、何にどんな風にお金を使うのか（使ったのか）という家計簿的発想を、時間にも当てはめていく必要があります。テストの採点や、週指導計画作成にどのくらいの時間をかけているのか知ることから始めました。

　③については、時間は増やすことなどできないと思われるかもしれません。しかし、今までばらばらにやっていたことを同時にやれば、結果的に時間が増えたことになります。また、人の力を借りる

（つまり他人の時間を使う）という方法もあります。

　こうして時間のやりくりができても、非効率的に仕事をしていては、結局、いくら時間があっても足りないということになってしまいます。

　そこで大切になってくるのが、以下の2つです。
①無駄なく効率的に仕事をする
②集中し、密度の濃い仕事をする

　これは勉強についても同じことがいえますし、読者である先生方も自分の受け持ちの子には同様のことを言っているのではないでしょうか。子供に言うことを、まずは自分が実践してみることが大切です。

　本書では、こうした考えをベースに、私自身が日々の忙しい生活の中で身に付けた様々な技を紹介しています。もちろん、今回も自分だけの実践で終わらせず、地元の若い先生方に協力していただきました。その際、特にお願いしたのが、「単に早く帰れるようになるだけでは意味がない」という視点をもってもらうことです。単純に早く帰るだけなら、誰にでもすぐにできます。それはつまり、やるべきことをやらず、適当に過ごすということです。そうではなく、我々の仕事の目的は何かという根本的・本質的なことを意識しつつ、仕事を効率化していくことが大切なのです。だからこそ、「早く帰るのに仕事ができる」という評価をもらうことができるのです。

　教師は元気が一番です。エネルギーいっぱいの子供たちに負けないくらいに、活力あふれた仕事をするためにも、ぜひ本書の内容をマスターしていただきたいと思います。

　　2017年春

　　　　　　　　　　　　　　　　　　　　　　　　瀧澤　真

もくじ◎まわりの先生から「すごい！残業しないのに、仕事できるね」と言われる本。

まえがき 3

仕事術チェックリスト──まずは自分のタイプを知ろう！ 10

Lesson 1
時間がみるみる生まれる！
時短仕事術 15

実践者の声
退勤時間がぐっと早くなりました！
（女性教諭／教師歴6年目） 16

1 すぐにやる 18
2 時短につなげる手帳活用術 20
3 プリント＆紙書類の断捨離術 22
4 データ探しに忙殺されないPC整理術 24
5 締め切り効果を使いこなす 26
6 道具で時間を買う 28
7 すべてに全力を尽くさない 30
8 細分化するものと一気にやるものを振り分ける 32

COLUMN-１ ●仕事術プラスα「プリント配付＆回収の技」 34

Lesson 2

逆境をチャンスに変える！
1日の充実度を最高に高める仕事術 …35

実践者の声
仕事が速くなっただけでなく、教師としての力量も
アップしたように感じています！（女性教諭／教師歴6年目）……………36

1 朝型にシフトチェンジ ……………………………………………38
2 TO DOリストで1日を効率的に過ごす ………………………40
3 とにかく4分間だけ頑張る ………………………………………42
4 同時にやれば時間は半分、効果は2倍 ………………………44
5 ノート、ドリルのチェックは素早く効率的に …………………46
6 集中力を最大限高める ……………………………………………48
7 「1人がんばるタイム」でさっさと仕事を進める ……………50
8 仕事以外の時間も効率化する ……………………………………52

COLUMN-Ⅱ ●仕事術プラスα「簡単！　学級通信作成のコツ」…………54

Lesson 3

無理なく力量アップ！
だれでもできる教師修業術 ……………55

実践者の声
これからも無理なく学び続けていきたいです！
（男性教諭／教師歴6年目）………………………………………………56

1 教科書や指導書を使い倒す ………………………………………58

2 保護者や子供に教えを請う……60
3 メンターをたくさんつくる……62
4 通勤時間に教師修業に取り組む……64
5 リアル書店に行く……66
6 学びを見える化する……68
7 与えられた仕事に全力を尽くす……70
8 力量アップにつながる手帳活用術……72

COLUMN-Ⅲ ●仕事術プラスα「掲示物を効率的に作る」……74

Lesson 4
先手必勝！
子供からの信頼が高まる教師の仕事術……75

> **実践者の声**
> ゆとりが出ることで、子供との人間関係も良好に！
> （女性教諭／教師歴12年目）……76

1 スタートダッシュで差をつける新年度準備のコツ……78
2 学習計画は超前倒しで立てる……80
3 授業に遅れない、延ばさない……82
4 学習進度が遅れた時の回復術……84
5 段取りが命！ 素早くできる成績処理＆所見のコツ……86
6 話のネタを常にストックしておく……88
7 行事準備＆実施のポイント……90
8 子供が家でほめられる授業参観のポイント……92

COLUMN-Ⅳ ●仕事術プラスα「紙ばさみ活用術」……94

Lesson 5
できる教師はコミュニケーション上手！
保護者＆同僚対応術 ……………………… 95

実践者の声
様々な人間関係が良好になってきました！
（男性教諭／教師歴7年目） …………………………………… 96

1 保護者対応の秘訣は先手必勝 ………………………… 98
2 保護者対応の基本は共感的理解 ……………………… 100
3 平時こそ保護者と関わる ……………………………… 102
4 挨拶は自分から ………………………………………… 104
5 根回しを忘れない ……………………………………… 106
6 苦手な人との付き合い方 ……………………………… 108
7 司会者に学ぶ …………………………………………… 110
8 報告・連絡・相談を欠かさない ……………………… 112

COLUMN-Ⅴ ●仕事術プラスα「複数用意して時間の節約」……………… 114

Q&A 実践者の疑問に答えます！ ……… 115

あとがき ……………………………………………………… 126

仕事術チェックリスト
──まずは自分のタイプを知ろう！

　仕事の進め方には個人のキャラクターが大きく影響します。本書のレッスンに取り組む前に、以下のチェックリストを活用して、自分のタイプを把握してみましょう。

　まずは自己評価欄に、3（よくできている）、2（おおむねできている）、1（不十分である）の点数を入れ、Ⅰ～Ⅴごとに合計を計算しましょう。

　次に必要性を記入します。非常に必要だと思えば◎、必要だと思えば○、あまり必要だと思わなければ無印のままにします。

Ⅰ　仕事の効率化	自己評価	必要性
①どんな仕事もすぐにやるようにしている		
②時間を効率的に使うために手帳を活用している		
③整理整頓は得意なほうだ		
④締め切りを決めて仕事をしている		
⑤仕事には軽重をつけている		
合計点数		
Ⅱ　仕事への集中度	自己評価	必要性
①早起きは苦にならない		
②TO DOリストを作って仕事をしている		
③集中力を高める方法を知っている		
④周囲に邪魔されずに1人で仕事をする時間がある		

⑤仕事以外の時間の効率化も考えている		
合計点数		
Ⅲ　教師修業	自己評価	必要性
①教科書や指導書を読み込んでいる		
②メンターといえる先輩が複数いる		
③通勤時間を教師修業に役立てている		
④書店にはよく行くほうである		
⑤自分に足りない部分を常に意識して仕事をしている		
合計点数		
Ⅳ　子供からの信頼	自己評価	必要性
①授業は年間計画通りに進むことが多い		
②授業開始時刻に遅れない、授業を延ばさないほうだ		
③通知表の所見を書くことは苦にならない		
④子供たちに語る話のネタを豊富にもっている		
⑤授業参観では、子供が保護者にほめられるよう意識している		
合計点数		
Ⅴ　保護者、同僚との付き合い方	自己評価	必要性
①トラブルがあった時にはすぐに保護者に連絡している		
②普段から保護者との連絡を密にしている		
③提案する前に同僚への根回しは欠かさない		
④苦手な人とも積極的に付き合っている		
⑤上司や同僚への報告・連絡・相談を心がけて仕事をしている		
合計点数		

Ⅰについて

　ここが低得点の場合、仕事効率化の基礎、基本が不十分だといえます。まずはレッスンの８つの実践をクリアしてみてください。もしここが高得点なのに、帰るのが遅いとしたら、時間の使い方の密度が低い可能性があります。あわせてⅡをチェックしてみましょう。

Ⅱについて

　いかに集中して仕事をするかによって、効率がかなり違ってきます。同じ１時間でも人によって、こなせる仕事量には大きな差があります。

　ここの得点が低い場合は、だらだらと仕事をしている可能性があります。１日の流れを振り返ってみましょう。

Ⅲについて

　この項目が低得点の場合、教師としての勉強が足りず、やがて行き詰まる可能性があります。忙しい毎日のなかでも、やり方次第で教師修業を行うことができます。レッスン３の実践をヒントに、力量アップのための取り組みをしましょう。

Ⅳについて

　子供からの信頼が厚ければ、学級が落ち着き、トラブルも減ります。学級の安定は精神的な面だけではなく、時間的な面でも教師にゆとりをもたらします。特に学習進度や授業参観などは、保護者からの信頼にも直結します。

　ここが低得点の場合、学級づくりという視点からの効率化も考えましょう。

Ⅴについて

　教師の多忙化の原因の1つに、保護者対応の時間の増加が挙げられます。確かに様々な意見、苦情が寄せられるようになりました。しかし、ちょっとした心がけで、保護者対応の時間を減らすことができます。
　また、根回しなどの少しの心がけで、会議の時間を短縮することもできます。
　ここの項目が低得点の場合は、時短につながる人付き合いについて考えていきましょう。

　自分のどこに弱点があるのか、把握できたでしょうか。
　その弱点部分を補うことで、仕事を進めるスキルが高く、バランスの良い教師になることができます。
　各項目は、本書のレッスンと対応しています。例えば、Ⅰが苦手な場合はレッスン1を、Ⅱが苦手な場合はレッスン2を実践すれば効果的です。
　また、評価が低いにもかかわらず必要性が低い場合、それが自分の価値観なのだと把握しておきましょう。例えば、仕事への集中度の自己評価が低いのに、必要性が高くない場合、がむしゃらにやるタイプではないということです。そして、そういう自分を変えなくてはいけないと自分自身が心の底から思わなくては、早く帰ることは難しいでしょう。
　では、そういう人はどうすれば良いのでしょうか。
　まず、「なぜ早く帰りたいのか」を見つめ直すことです。本書を手にしてくださった方ですから、「早く帰りたい」とは願っているはずです。しかし、その段階で終わっていませんか。早く帰るとい

うことは、それ自体が目的ではないはずです。早く帰って何をするのかが大切なのです。

あなたは早く帰ったら何をしますか。何をしたいですか。それを思いつくままに書き出してみましょう。

・たっぷりと寝たい
・趣味に時間を使いたい
・運動をしたい
・教育書を読みたい
・教材研究がしたい

なんだって良いのです。とにかく、そうしたやりたいことをたくさん見つけ、意識していきましょう。そうすれば、本当はがむしゃらにやるタイプではないけれど、頑張って挑戦してみようという気持ちがわいてくることでしょう。

何のために早く帰るのか、自分なりの答えを探すことも、根本的・本質的な考え方なのです。

なお、弱点部分が複数にまたがる場合は、必要性が高いレッスンから実践していくようにしてください。

Lesson 1

時間がみるみる生まれる!
時短仕事術

ここでは、ゆとりをもって仕事をするための実践を紹介しています。整理整頓や手帳術など、教師としての時短術の基礎・基本といえるものです。

Lesson1…実践者の声

退勤時間が
ぐっと早くなりました！

（女性教諭／教師歴6年目）

　今まで、時短を意識して仕事することは少なかったと思います。「今日は早く帰れたな」と思う日でも、具体的に何をどう効率良くやったから早く退勤できたのか、ということは考えていませんでした。

　しかし、チェックリストを実施すると、レッスン1は6点と、予想よりも低い点でした。これはまずいと思い、すぐに実践を始めました。

　仕事をいかに効率化させるか、1つひとつのポイントは今すぐにでも、だれにでも実践できることでした。自分のなかでデッドラインを決めたり、仕事の優先順位をつけたりしたことで、退勤時間がぐっと早くなりました。もちろん、早く帰るだけではなく、まわりの先生方ともコミュニケーションを図りながら取り組み、良好な関係を保ちました。机上に何も置かずにきれいに整理している人や、持ち帰りの荷物が少ない人ほど、なぜか仕事が速いと思い、そのことを不思議に感じていたので、その秘密が少しだけわかったような気がします。自分1人の仕事だけではなく、協力して取り組む仕事も含め、さらに実践を続けていけるよう意識していきたいです。

Lesson1-1 すぐにやる

　文書が回ってくると、一番に確認するのが締め切り期日です。一通り目を通したあと、締め切りがまだ先だと「また後日にやろう……」となるのが常でした。しかし、このレッスンに書いてある通り、いざやろうと思った時に再度目を通すことになり、二度手間になっていました。そこで、すぐにできるものはその日のうちに処理し、内容によってまだ先のものは後回しにする癖をつけるようにしました。それにより、無駄な時間が減ったのです。

　テストは子供が持ってきたそばから採点をします。以前からテストは次の日には返してあげたいと思っていましたが、今ではその日のうちに返却できることも多くなりました。週案の反省もその場で書くことで、時間の効率化が図られています。

Lesson1-3 プリント＆紙書類の断捨離術

　会議の資料や校務分掌の文書など、机の横にはいつもファイルが高く積まれていた私。高くなればなるほど、仕事を頑張っているということだと勝手に感じていました。「前年までの資料も参考になるかもしれない」と、ファイルや資料は年々増えるばかり。しかし、いざ、必要となると、すべてをひっくり返し、1つひとつに目を通して探さなければならないので、たくさんの時間がかかる。そんなことが多々ありました。

　この実践を通して、まずは、机まわりのプリントの整理から始めました。職員会議要項は、行事が終わったものから処分しました。手元にあるのは、最新の1～2か月分のみ。それより前のものを見たくなった時は、学校保管のものを見るようにしました。今までは手元にないと不安でしたが、学校にも1部保管してあることに気付くと、ためらうことなく処分することができました。

　1つすっきりすると、他の資料もどんどん必要・不必要の区別がつけられるようになり、今では机上もすっきりし、すべてのものが引き出しにしまえるようになりました。

Lesson 1-1
すぐにやる

すぐにやることこそ
仕事効率化の王道

● 今すぐにやろう！

　仕事効率化の研修で講師をやった時に、「今度やってみたいと思います」という感想をもらうことがあります。しかし残念ながら、実際にやったという話はなかなか聞きません。

　社交辞令で言っているわけではないのでしょうが、「今度」というのは「いつか機会があれば」という意味なのかと勘ぐりたくなります。ぜひとも「今度」の「度」をとり、「今やる」に変えましょう。

　今やることの最大のメリットは、無駄な時間を省くことができるという点です。

　例えば、ある調査依頼の書類を読んだとします。1週間後が締め切りです。そこで明後日やることにします。すると明後日に、この書類をもう一度読み返すことになります。つまり、同じ書類を二度読むわけですから、時間の無駄になってしまうのです。

　また、明後日にはこの書類は他の紙類と混ざってしまい、見つけるのにも時間がかかってしまうかもしれません。

　つまり、今やるほうが断然短時間で済むのです。

● その時にすぐにやる

　「今すぐにやる」の応用として、「その時にすぐやる」というものもあります。何かをやった直後は、記憶が鮮明に残っています。それを最大限生かしましょう。

　例えば、行事の反省はその行事が行われた日に必ず書きます。その日のうちならば、すぐにいろいろな反省点が思い浮かぶでしょう。

　反省用紙に記入するついでに、週案や学級通信にもその行事について書いてしまうと良いでしょう。書き方は多少変わっても、似たような内容ですので、効率的に取り組めます。

　研究授業の振り返りや反省も終わった直後に済ませます。まとめて数か月後に書こうとしても、思い出すだけで時間がかかります。メモを見返してもはっきりしないことも多いはずです。

　また、スタートダッシュという言葉があるように、物事の初めはとても大事です。研究のまとめの例でいえば、とにかく少しでもいいので手を付けてしまうのです。そうすれば、そのままの勢いに乗って仕事を終わらせることができます。また、一度手を付けた仕事は再開しやすいものです。これを後々の宿題にしてしまうと、結局、先送りを続けることになり、次第に苦しくなってきます。

ワンポイント★アドバイス

先んずれば人を制すという言葉もあります。いつでも一番に仕事に取りかかれば、「仕事のできる人」という評価をもらうこともできるでしょう。

Lesson 1-2

時短につなげる手帳活用術

予定&振り返りの手帳の活用術

● 予定を徹底的に書き込む

　まわりの先生方を見ると、手帳は使っていても、出張予定や行事、プライベートな予定などを書き込んでいるだけという人が多いようです。スケジュール管理ということを意識している人はあまり多くありません。手帳は使い方次第で、仕事を効率化する有効な武器となります。

　まずは、月ごとの予定を書き込むページとは別に、毎日の予定を時間軸で区切ることのできる手帳を用意します。そして毎日、時間毎のスケジュールを立てるのです。例えば、8時10分から授業開始で、終了が16時と書き込みます。この部分の詳細は週指導計画を提出する学校も多いでしょうから、それ以上詳しく書く必要はありません。

　ここからがポイントで、子供が帰ってからの予定を立てるのです。会議や学年会はもちろんのこと、テストの採点、教材研究の時間も確保します。

　さらに、帰宅後のスケジュールも立てます。食事の時間やテレビ、読書、遊びの予定なども入れましょう。

　もちろん教師の仕事には突発的なトラブルがつきもの。そうそう予定通りにはいきません。しかし、予定を立てずに毎日を過ごして

いる教師があまりにも多いのです。まずは予定を立てて、計画的に過ごすように心がけるところから、仕事の効率化が始まります。

● 予定を振り返る

　私の勤務校では、週指導計画を、予定したことは黒字で、変更があったことは赤字で書くことになっています。それにより、実際の活動がつかめ、次の予定を立てる際の参考になります。

　これと同じことを手帳でも実施しましょう。予定は黒で、実際の活動は赤字で書き込んでいくのです。すると、会議が予定よりも長くなったとか、帰宅が思っていたよりも1時間遅かったなど、反省点が見えてきます。

　反省点が見えてきたら、それは仕方がなかったことなのか、改善の余地があるのか考察します。例えば、会議が延びたことは自分でコントロールできないので、仕方がない変更です。ついつい同僚とのおしゃべりが長引き、帰宅時間が遅れたことは改善の余地ありです。その場合は青字でコメントを書き込みます。

　こうして予定を振り返り、改善点を把握することを日々続けることで、次第に予定通りに活動できる日が増えてきます。

ワンポイント★アドバイス

お気に入りの手帳が月間予定しかないタイプの場合は、今回の実践にはスペースが足りません。そうした場合、パソコンで日課表のような枠を作り、A4判の用紙にプリントアウトして活用しても良いでしょう。

Lesson 1-3

プリント&
紙書類の断捨離術

膨大な紙類をどう整理するかで
効率が変わる

● 探し物に費やす時間は？

　平均的なビジネスマンは、1年間におよそ150時間も探し物に費やしているともいいます。そこまでではなくても、1日平均10分くらいは探し物をしている人は多いのではないでしょうか。
　教師も実に様々なものを扱います。教材、子供のノート、保護者からの手紙、提案文書……。それらをいつも探している人をしばしば見かけます。そういう人の机は決まって乱雑です。積み上げた書類が雪崩を起こしている人までいます。こうなっては、探し物の時間はいっこうに減りません。まずは、机上を徹底的にきれいにしましょう。
　何といっても一番大切なのは、書類の整理です。次の基準ですべての紙を分類していきます。

- **すぐに取りかかるべきもの、近々必要になるもの**
- **不要のもの**
- **すぐには不要だが、いつか必要になるかもしれないもの**

　すぐに取りかかるべきもの、近々必要になるものは透明なファイルに入れます。これらは、片付けが終わったら直ちに処理します。不要なものは迷わず捨てます。いつか必要になるかもしれないものは、とりあえずひとまとめにしておきます。とにかくすべての書類

をこの3つに分けてしまいます。

● ファイルは分類しないで時系列に

　すぐには使わない書類、いつか使うかもしれない書類が一番多いでしょう。これらを分類しようと思ってはいけません。整理が得意な人ならともかく、雪崩を起こしてしまうような人は、そもそもいつか分類しようなどと思っているから、片付かないのです。

　そこで、およその時系列でどんどんファイルに綴じ込んでいきます。そして、まとまりごとにインデックスを付けておきます。例えば、「1年生を迎える会」「清掃場所」「生活のきまり」などです。

　これらを綴じたファイルの背表紙には、その書類が配付された時期を書いておきます。例えば、前述の「1年生を迎える会」を綴じたファイルには4月と書き込みます。こうしておくと、「4月頃の提案だったな」ということさえわかれば、あとはインデックスを頼りに目的の書類にたどり着けます。学校では、たいていのことは毎年同じ時期にやっていますので、もし4月になかった場合でも、5月のファイルを見ればほぼ目的の書類を探し出せるはずです。

　こうしたやり方のほうが、雪崩が起きそうな紙の束から探すよりも、数倍早く見つけられます。

ワンポイント★アドバイス

一気に片付けた勢いに乗って、すぐに取りかかるべき書類を必ず処理しましょう。あとは、毎日帰る前の3分間を整理整頓にあてるのです。1日3分の投資で、年間150時間を節約できるのですから、投資効率がかなり高い取り組みです。

Lesson 1-4

データ探しに忙殺されないPC整理術

データをどう保存し、どう管理するかで
時間を節約する

● デスクトップの整理術

　効率が悪い人のパソコンを見ると、様々なファイルやショートカットがデスクトップに貼られています。そのため、目的のファイルやショートカットを探すのにひと苦労してしまいます。机上の整理と同じで、デスクトップがごちゃごちゃしていては仕事の効率は上がりません。思い切って整理していきましょう。

　まず、デスクトップにあるデータファイルは、ドライブに作ったフォルダに移動させます。次に、ショートカットを処分します。そのために次の3つの視点で分類します。

- 1週間以内に使ったもの
- 1年以上使った記憶がないもの
- その他

　1週間以内に使ったものはそのまま残します。1年以上使った記憶がないものはすぐに削除します。

　その他は、「ショートカット」というフォルダをデスクトップに作り、すべてそのフォルダに入れてしまいます。3か月間、そのフォルダを一度も開かなければ、その時点でフォルダごと削除してしまいます。何度か使用したものがある場合は、それだけ残し、あとはすべて削除します。

● ファイル名のひと工夫で楽々検索

　データファイルをフォルダに保存する時にフォルダを細かく分類しすぎると、ファイルを見つけることが難しくなります。例えば、「運動会→28年度→提案→綱引き→入退場」という階層を作ってしまったら、入退場の仕方を探すのに5つもフォルダを開かなければなりません。また、「綱引きの入退場の際の応援団の動き」を探そうと思い、「入退場」フォルダを開いたら、そこではなく「綱引き→応援」というフォルダにあるなど、あちこちのフォルダを探し回って、時間のロスになります。また、フォルダを細かく分けすぎると、どのフォルダに保存するかで悩み、それも時間のロスになります。

　そこで、運動会、学年関係、学級関係程度の大まかなフォルダのみ作成するようにし、ファイルを探す際には、検索機能をフル活用するのです。また、どこにしまったのかがわからなければ、ドライブ全体を検索します。この時、ファイルをどのような名前で保存しておくかが重要です。ファイル名を忘れてしまう場合もあるからです。例えば、「運動会　綱引き　応援団　動き」という名前で保存します。大項目から細目までスペースを空けて作成します。こうすれば、「綱引き」でも「応援団」でも検索が可能です。

ワンポイント★アドバイス

万が一、作成年月くらいしか覚えていない場合も、それで検索が可能です。例えば、「2014年5月」と入力して検索すれば、その月に作成したファイルすべてが出てきます。

Lesson 1-5

締め切り効果を使いこなす

人は与えられた時間を
すべて使い切ってしまう習性がある

● パーキンソンの法則

「仕事の量は、完成のために与えられた時間をすべて満たすまで膨張する」

これは、イギリスの歴史・政治学者であるシリル・ノースコート・パーキンソンの第一法則といわれるものです。簡単にいえば、人は与えられた時間をめいっぱい使って仕事をするということです。

例えば、夏休みの宿題です。最後の数日になってやっとやり終える子はたくさんいます。つまり、夏休み期間をめいっぱい使ってしまったということです。一方で、時々その法則通りにならない子もいます。最初の1週間程で宿題を終えてしまうような子です。そういう子は、夏休み全部が与えられた時間とは考えません。最初の1週間だけが与えられた時間と考えています。自ら締め切り日を設定しているのです。では実際、どちらの子のほうが勉強ができるでしょうか。これはどう考えても後者ですよね。後者の子は、自分をコントロールする術を知っているのです。

● 様々なことに締め切りを設定する

与えられた時間すべてを使ってしまう習性があるならば、初めか

ら少なめの時間しか与えなければ良いのです。

　例えば、毎日20時に帰宅している人ならば、1時間早く19時には必ず帰宅すると決めましょう。1日の仕事の締め切り時刻を決めるのです。既に締め切りのある仕事も、実際の期日の数日前を締め切りとします。来週の金曜日に提出しなければならない報告書があるならば、自分の中の締め切りは水曜日に設定するのです。

　さらに、1日の様々な仕事にも締め切り時間を決めます。テストの採点は15分、ノート点検は10分などと決め、タイマーを使いながら仕事をします。こちらも、普通にやった場合にかかる時間よりも少し短めの設定にすることがコツです。

　こうした締め切りの設定を成功させるには、「締め切りを絶対に守る」という意識が必要です。「できれば終える」などという甘い考えではいけません。必ず死守すべき「デッドライン」であるという認識をもちましょう。

　そして、まずは1週間試してみてください。20時に帰宅していた時と、1時間早めた時とでは、仕事の質は低下したでしょうか。おそらく無駄話が減ったり、処理速度が速くなったりしただけで、質は低下していないはずです。

ワンポイント★アドバイス

私の場合はデッドラインを決め、さらにそれよりも早く終えることを目指しています。例えば、19時帰宅がデッドラインなら、18時30分には帰るようにします。すると、不測の事態が起きてもデッドラインを守ることができるのです。

Lesson 1-6

道具で時間を買う

時間をお金で買うことで
ゆとりをもって仕事ができる

● お金をとるか、時間をとるか

　かつて古いパソコンを我慢して使っていたことがあります。スイッチを入れてからソフトが立ち上がるまでに、ストレスを感じるくらい時間がかかりました。さらに、データの読み込みや保存にも時間がかかります。キーボードを早く打ちすぎると、変換速度が追いつきません。

　ある日、思い切って最新式に変えてみました。すると、今までのストレスが嘘のように解消したのです。もちろん、かなりの時間の節約にもつながりました。

　ありあまるほど時間はあるがお金はない、というならば良いのですが、多少の出費で時間が節約できるのならば、けちけちするべきではないと思います。時間はだれにでも平等に与えられていますが、道具によってその時間を何倍にもすることができるのです。

　他には、どんな道具が時短につながるでしょうか。

- 針のいらないホチキス（針を探す時間を節約できます。針を買いに行く時間も節約できます）
- 印鑑カートリッジ（普通の印鑑をカートリッジに入れると、いちいち朱肉をつけなくても印を押すことができます。何度も印鑑を押す際にも大分手間が省けます）

- 消せるボールペン(公文書には使用できませんが、日常使いには便利です。間違えても消せるので、時短につながります)
- ヘッドが360度回転する修正テープ(ヘッドが回転するので持ち替えることなく、縦にも横にも動かすことができます。曲がってもかすれることがありません)

● たくさん用意する、同じものを用意する

　便利な道具を使う以外に、同じものをたくさん用意するという方法もあります。

　例えば、お気に入りのボールペンがあるとします。これが1本しかなければ、そのペンが見当たらない場合、探すために時間をロスしてしまいます。また、書いている途中にインクが切れてしまったら、別のペンを探さなければなりません。しかしこの時、同じボールペンが5本あれば、探す必要もなく、途中からペンを変えたために起こる違和感もありません。もし違うボールペンで書いたら、字の印象が変わってしまいます。

　ノートや付箋紙、消しゴム、修正テープ、のりなど、消耗品はまとめ買いしておきましょう。

ワンポイント★アドバイス

仕事の時短につながる便利な道具は、時々雑誌で特集をやっています。そういう雑誌を定期的にチェックすると良いでしょう。また、大きな文具店などに行ったら、こまめに文房具を見て回ると良いでしょう。

すべてに全力を尽くさない

すべてに全力投球するとかえって効率が悪くなる

● すべてに全力では効率が悪くなる

　スポーツ選手が、どんな状態の時に最もパフォーマンスを発揮できるか調べた実験があります。

　この実験によって、全力を尽くすとかえって力を発揮できないことがわかっています。力んでしまい、のびのびとチャレンジできないからでしょう。

　仕事にも同じようなことがいえます。全力でやると、力が入り、かえって失敗が増えます。ストレスがかかり、燃え尽きてしまうこともあるでしょう。

　また、同じ仕事の質を上げるのでも、50％を80％にするのと、70％を100％にするのとでは、大きな違いがあります。これはテストの点数に置き換えてみるとわかりやすくなります。50点を80点にするのと、70点を100点に上げるのとでは、どちらが容易でしょうか。前者だということは、教師ならば実感としてわかるのではないでしょうか。

　つまり、たいていの仕事は80％くらいを目指すのが一番効率が良いといえます。もちろん、子供の命に関わることなどの最重要課題については100％を目指さなければなりませんが、そうした仕事はそれほど多くはないはずです。

● やらないことリストを作る

　全力を尽くさないことだけではなく、「やらないこと」をリストアップしておくことも、時間を生み出す技術として必要です。

　例えば、「おやつを食べない」というのはどうでしょう。人間は多少空腹のほうが集中できるものです。それなのに、たっぷりとおやつを食べてから仕事をしている人がいます。効率的な仕事ができているとはいえないでしょう。「無駄話をしない」というのもリストに入れたいものです。放課後の職員室で、いつまでもおしゃべりをしている人たちがいます。気分をリフレッシュさせたり、悩みを聞いてもらったりするなど、ちょっとした会話は大切ですが、30分も40分も話をする必要はないでしょう。

　学校外での無駄もリストアップしてみましょう。

- 食後にすぐに横にならない（寝てしまうから）
- 無目的にネットサーフィンをしない（あっという間に時間が過ぎてしまう）
- 必要がない時にテレビはつけない

　他にもいろいろとありそうです。自分なりのリストをどんどん作っていくと、無駄な時間を排除し、時間を生み出すことができます。

ワンポイント★アドバイス

作成したやらないことリストは、いつでも目につくところに貼っておくと良いでしょう。私の場合は、メモアプリを使ってスマートフォンの待ち受け画面にやらないことリストを貼り、毎朝確認するようにしています。

Lesson 1-8

細分化するものと一気にやるものを振り分ける

細分化すれば
必ず効率化するわけではない

● 細分化できるものはできるだけ分ける

　すき間時間をどう活用するかが、効率的な仕事のコツです。そのためには、1つの仕事をいくつかの小さな仕事に細分化していくことが必要です。例えば、あなたが体育主任で、体力テストのデータを教育委員会に提出する仕事があったとします。その仕事は、以下のように細分化できます。

- 各担任にデータ入力を呼びかける
- 入力がすべて済んでいるかチェックする
- 不備不足があれば訂正する
- 管理職に提出の許可を取る
- データを送る

　さらにいえば、「入力が済んでいるか学年毎にチェックする」というように、より細分化することができます。

　このように細かくしておけば、10分のすき間時間で2学年分のチェックを行う、管理職の許可は昼休みにとるなど、仕事を振り分けていくことができるのです。

　大きな仕事のままだと、ゴールが見えず、疲労感が増しますが、このように細分化すると気も楽になります。なお、細分化した仕事の具体的な処理方法は、Lesson 2を参照してください。

● 細分化せずに一気にやったほうが良いこともある

　週指導計画なども、ちょっとしたすき間時間で少しずつ書いていけば、特に書くための時間を準備する必要はありません。授業後にひと言ふた言反省を書くことができますし、3分もあれば1〜2教科の目標くらい書けます。こうしてすき間時間だけで、完成します。

　しかし、指導案はどうでしょうか。

　指導観などは、ある程度時間をかけて一気に書いたほうが、筋の通った文章になります。また細切れにすると、そのたびにこれまで書いた部分を読み返す必要があり、時間をロスします。こういう仕事は一気にやらないと効率が悪いのです。

　そこで、そのような仕事は例えば夕方4時〜5時にやるなどと決めて、まとまった時間をとり、そこで行うように計画していく必要があります。何でも細分化していくとかえって効率が悪くなるのです。

　細分化すべき仕事なのか、一気にやるべき仕事なのか、適切に判断し、振り分けることで効率が上がります。

ワンポイント★アドバイス

単純処理の仕事は細切れにして対処し、クリエイティブな仕事はまとまった時間で行うのがポイントです。一気にといっても1時間以上かけると効率が悪くなるので、そのような場合は、休憩をとるか翌日に持ち越すなどしたほうが良いでしょう。

COLUMN I

仕事術プラスα プリント配付＆回収の技

　手紙の配付や回収には、意外と時間がかかるものです。
　そこで、手紙やプリントの配付や回収を効率良く行う技を紹介しましょう。

●**その都度配る**：低学年の場合は難しいのですが、高学年になったら、手紙は帰りの会でまとめて配るのではなく、授業が少し早めに終わった時や、給食の準備をしている時など、ちょっとした時間にこまめに配ってしまいます。すき間時間の有効活用です。

●**ざっくりと配る**：列の人数分のプリントを数えながら配ると、時間がかかります。そこで、いちいち数えず、適当にプリントを取って配ります。当然、枚数に過不足が出ますので、後ろで調整させます。

●**回収箱を作る**：100円ショップなどで売っているようなカゴを用意します。このカゴに「宿題用」などのシールを貼ります。朝登校してきたら、子供に自分で、そのカゴにプリントや宿題などを入れるように指示しておきます。

●**子供に集める係をお願いする**：出席番号1番、10番、20番などの子を集める係に任命します。2番～9番の子は1番の子のところに、11番～19番の子は10番の子のところにといった具合でそれぞれ持っていきます。10番や20番の子は、集まったプリントを1番の子のところに持っていきます。そして、最後に1番の子が教師に持っていきます。その時には、番号順に集まっていることになります。

Lesson 2

逆境をチャンスに変える!
1日の充実度を最高に高める仕事術

ここでは、今日という1日を効率的に、充実して過ごすための実践を紹介しています。1日を最大限効率的に過ごすことで、仕事をてきぱきと進めることができます。

Lesson2…実践者の声

> 仕事が速くなっただけでなく、
> 教師としての力量も
> アップしたように感じています！

（女性教諭／教師歴6年目）

　以前と比べると、短時間で仕事を済ませることができるようになったと実感しています。仕事に追われることがなくなったのです。それは、時間を効率化したことで見通しが立つようになったことが理由だと思っています。

　何よりも、仕事が速くなったことで生まれた時間を、自分のために使うことができるようになりました。特に、授業研究や準備に十分な時間を使うことができるようになったことが嬉しいです。また、プライベートの時間も確保できるようになりました。自分にゆとりができたことで、子供たちや保護者に関わる時間が増え、さらに良好な関係を築くことができるようになっています。

　また、仕事が速くなったことだけではなく、教師としての力量が高まったことも実感しています。レッスンの取り組みのお陰で自信がつき、価値ある最高の1日、価値ある最高の仕事になって、毎日がとても充実しています！

Lesson2-1 朝型にシフトチェンジ

　夜よりも朝に仕事をするほうが何倍も集中して仕事ができることを実感しました。
　もともと私は早起きが苦手でした。起きてからもぼうっとしてしまい、二度寝もしばしば……。しかし、まずはレッスンの実践の通り、朝に洗濯物を干すことにしたのです。干し終わる頃には、ばっちり目が覚めていました。そこから家でできる仕事を片付けます。やはり出勤するまでのデッドラインが決まっていることで集中力が増します。

Lesson2-2 TO DOリストで1日を効率的に過ごす

　私は、以前からTO DOリストを作成していました。しかし、大雑把な作成でした。そこで、本書の実践のように具体的に細分化をしてみたのです。まず、TO DOリストのアプリケーションソフトをダウンロードし、家に帰っても確認ができるようにしました。すると見通しが立ち、効率的に過ごすことができるようになりました。特に、すき間時間を有効に使うことができるようになったのが嬉しいです。
　お陰で、どの仕事がどのくらいの時間で終わるのかがわかってきました。そのため、仕事に追われることなく、余裕をもって過ごすことができています！

Lesson2-6 集中力を最大限高める

　私は、集中力に欠け、さらに集中するまでに時間がかかるタイプでした。しかし、時間を意識するようになったことで、集中できるようになったのです。実践のように、採点や押印などの作業はタイマーで計りました。目標タイムを決めると自分との勝負が始まります。勝てば嬉しく、意欲も増しました。それが、とても楽しいのです！
　また、常に時計を見る習慣が付きました。タイマーで計らない時にも、「この仕事は何分まで」と決められるようになり、多くの仕事を一気に片付けることができるようになったと実感しています。

Lesson 2-1

朝型に
シフトチェンジ

早起きを身に付ければ
人生が変わる!?

● 早起きこそ効率化のキーポイント

　こうした仕事効率を考える本に必ずといっていいほど登場するのが、「朝早く起きる」「朝型になる」ということです。当たり前すぎて、もう聞き飽きたかもしれませんが、やはりこれは大事なポイントですので、本書でも強調させていただきます。

　まず早起きの利点ですが、何といっても身も心もリフレッシュされた状態で、仕事に取り組めるということです。夜、眠い目をこすりながら仕事をするよりも、何倍も集中して仕事を行うことができます。

　また、早朝なら電話や来客もありません。おそらく家族も寝ているでしょうから、話しかけられたり、用事を頼まれたりすることもありません。

　さらにもう1つ利点があります。それは、デッドラインが自然と決まってしまうということです。夜ならば寝る時間を遅らせば良いのですが、朝の場合、出勤時間は決まっています。ですから、限られた締め切りまでの時間のなかで仕事を行う必要があるのです。そのためには、朝、60分仕事をやるなら、60分でどのくらい仕事を行うのか目標を立てておくことが大切です。時間を決めるだけでは、効率が悪くなります。

● 起きてからのルーティンを決めておく

　よほど高血圧の人でない限り、起きた瞬間から全力で動くことはできないでしょう。目覚めた時は、やはりぼうっとしているものですし、そのままソファーに寝っ転がって二度寝なんてこともありがちです。ですから、目覚めるまでの手順を決めておくと良いでしょう。

　私は、だいたい午前4時30分に目覚まし時計が鳴るようにしてあります。目覚ましを止めたら、洗面所に向かいます。そして、まずは数回顔を洗います。続いて、トイレを済ませ、洗濯物を干します。

　我が家では夜中にタイマーで洗濯をしているので、朝には洗濯が終わっています。洗濯を干すというのは軽い運動代わりになりますし、それによって徐々に目が覚めてくるのです。

　まずは体を動かすというのがポイントです。もちろん掃除でも、体操でも構いません。私の場合、洗濯物を干し終わる頃には、もうすっかり目も覚め、活動に入る準備が整っています。

　教頭という職務はなかなか忙しく、夜帰宅してからは仕事をする気にならないのですが、こうした早起きの習慣があるために、仕事に追われずに済んでいます。

ワンポイント★アドバイス

朝型になるためには、まずは早く寝ましょう。そうアドバイスする人もいますが、それではなかなかうまくいきません。まずは無理にでも早起きします。すると、その日の夜は自然と早く眠くなります。これが、早寝早起きを身に付けるコツです。

Lesson 2-2

TO DOリストで1日を効率的に過ごす

1日の仕事を見通すには
TO DOリストが欠かせない

● TO DOリストを詳細に作る

　その日に何をするのか、TO DOリストを作成していますか。まわりを見渡してみると、大雑把なリストを作成するに留まっている程度の人が多いようです。それでは限られた時間を効率的に使うことはできません。

　TO DOリストはできるだけ、具体的に細分化して作成します。例えば、単に「週指導計画を作成する」では、具体的に細分化されているとはいえません。以下のように細分化していくのです。

〈週指導計画〉
　①来週の各教科の目標を立てる
　②1週間の反省を記入する
　③時数の計算をする

　およそどの程度の時間でできるのかも書いておきます。先の例でいえば、①②は10分、③は5分などです。

　1つの項目は1枚の付箋紙に書いておきます。Lesson 1-8にも書いたように細分化しないほうが良い仕事もあります。そうした仕事は、仕事名に「まとめてやる」というコメントを添えておきます。次に、項目を書いた付箋紙を紙ばさみに貼っていきます。その際、重要度よりも、どの時間でできる仕事かを考えて貼る順番を決めて

いきます。例えば、休み時間に数分でできる仕事なのか、ある程度まとまった時間が必要なのかによって、順番を変えるということです。

あとは、すき間時間などにどんどんリストを消化し、終わった付箋紙ははがしていきます。すると目に見えて仕事が減っていくので、達成感を味わうことができます。

● 放課後には「明日やることのTO DOリスト」を作る

会議などが終わって、さあこれからもうひと仕事という段階で、一度TO DOリストを見直しましょう。

これまでの状況で新たに発生した仕事、まだ終わっていない仕事などを含めて再調整するのです。その際、必ず取り入れてほしいのが、「明日やることのTO DOリスト」も作成するということです。

教師の仕事は際限なく続きます。リストはどんどん多くなっていくのです。ですから、「明日でもいい」仕事と、「どうしても今日やる」仕事に仕分けましょう。これによって、心理的にも楽になります。また、明日を見通して仕事をするという習慣づくりにもなります。このリストがあることで、翌朝の仕事がスムーズに始められるというメリットもあります。

ワンポイント★アドバイス

翌日の仕事をリスト化する習慣を発展させ、1週間後、1か月後のリスト作りにも応用していくようにしましょう。1か月後の仕事まで見通せると、入念な準備ができ、さらに仕事の能率が上がります。

Lesson 2-3

とにかく4分間だけ頑張る

やる気が起きない時でも
行動することが大切

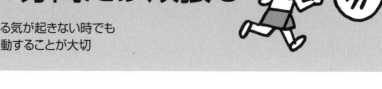

● 最初の4分間が勝負

　私は健康管理のために、週に5回程度5〜10キロのランニングに取り組んでいます。長年の習慣であり、さほど苦痛ではないのですが、それでも時には走りたくない日もあります。そんな日には、「今日は1キロだけにしておこう」と思って走り始めます。すると、1キロ走り終える頃には、「せっかく走り始めたのだから、もう少し距離を延ばそう」と思い、結果的に10キロ以上走ってしまうこともあります。

　心理学者であるレナード・ズーニンは、「ものごとは、初めの4分間が決め手になる」と言っています。最初の4分でリズムに乗ることができれば、あとは楽に物事を進めていけるということです。

　私が1キロを走るのにかかる時間が5分程度なので、ズーニンの言う「初動の4分間」理論にそった行動だといえそうです。

　やる気の出ない時でも、数分で良いのでとにかくやってみることが大切です。

　逆にいえば、あまりにもダラダラと仕事を始めてしまうと、その4分間を引きずって、うまく集中できない可能性が高くなります。

● やる気の出ない時の４分間はこう過ごす

　やる気が出ない時には、頭よりも体を動かすと良いようです。私の場合は、子供の机を整頓したり、床のゴミを掃いたりするなどしていました。職員室の机上整理でも構いません。まずは４〜５分程度タイマーをかけ、掃除をします。これでやる気になることも多かったです。

　体を動かす程ではない時は、単純作業から始めるようにしましょう。例えば、ゴム印を押したり、手紙を印刷したりするような頭を使わない作業です。比較的簡単なテストの採点も、初めの作業としては適しています。選択問題の採点だけして、勢いがついてきたら判断に迷う記述式問題の採点を行うというのも良いでしょう。

　どうしても面倒な提案文書から作成しなければならない、しかし、今ひとつ気が乗らないという時は、どうすれば良いでしょう。そんな時は、まずはワープロソフトを立ち上げます。そして、枠だけ作っていくのです。例えば、目的と書いたら、その下に目的を書く枠の罫線を引きます。次に、留意点と書いたら同じように罫線で枠を作ります。こうしたフォーマット作りをしているうちに、次第にやる気が出てくるはずです。

ワンポイント★アドバイス

100％の準備ができてから仕事を行うのではなく、適当でも良いので、どんどん進めていくようにしましょう。一度手を付けた仕事のほうが、次に取りかかる時の抵抗が少ないものです。最初の４分で今までやった部分を読み返すことも有効です。

Lesson 2-4

同時にやれば時間は半分、効果は2倍

限られた時間を
最大限有効に使う

● 同時に2つの仕事を行う

　子供の頃、音楽を聴きながら勉強していたら、
「そういうのを、ながら勉強というんだ。それでは集中できない」
と怒られたことがあります。確かに、「ながら作業」は良くないものというのが一般的です。しかし、ある種の音楽を聞きながら学習すると、より集中して取り組めることがわかっています。組み合わせによっては、「ながら作業」も有効なのです。それに同時に作業できれば、時間は半分で済むことになります。
　ではどのような、「ながら作業」ができるでしょうか。
　私の場合は、職員会議の時には週指導計画を持って参加していました。そして、月予定が提案されたら、その場で主な予定や目標などを書いてしまうようにしていたのです。
　例えば、来月の3日、2校時に6年生を送る会があるとしたら、週指導計画の該当箇所に目的や注意点について提案を聴きながら書いてしまうのです。また、実際の6年生を送る会の時にも、週指導計画を持っていき、気付いたことや反省をその場で書いてしまいます。
　夏休み明けには、子供たちが夏休みに作ったものの発表会を行っていました。その発表を聴きながら、その作品のコメントを大きめ

の付箋紙に書いていました。発表会が終わった時には、全員分のコメントが終了しています。授業をしながら子供の良さに気付いたら、ちょっとメモしておいても良いでしょう。そのメモは学級通信や通知表に生かすことができます。

●いつもの作業にプラスα

習慣化している作業や、何も考えなくてもできる単純作業を、それ単独でやるのはもったいないことです。

例えば、教室の机の整理整頓を放課後やりながら、子供たちのことを思い浮かべてみると一石二鳥です。掲示物を貼ったり、掃除をしたりする際には、スマートフォンでポッドキャストを聴くのも良いですね（ポッドキャストについてはp.65も参照）。

散歩しながら、様々なアイディアを練ることもできます。軽い運動をしながら考えると、良い考えが浮かぶといいます。実際に私は、本書の基本構想などは、ランニングしながら考えをまとめました。

お風呂やトイレで本を読むというのも、よく知られたことですが効果的です。本をビニールコーティングしてくれるサービスを利用すれば、お風呂でも気楽に本が読めます。トイレには名言集などを常備しておくと、お手軽に1冊読破できます。

ワンポイント★アドバイス

もちろん、何でも同時に行うことが有効なわけではありません。集中してじっくりやったほうが良い仕事もあります。しかし、単純作業はそれこそ雑談でも良いので何かしながらやるようにしたほうが良いでしょう。

Lesson 2-5

ノート、ドリルのチェックは素早く効率的に

限られた時間の中で効果的かつ
効率的にチェックする

● 費用対効果を考えて仕事する

　ノートやドリルを山ほど抱え、職員室に降りてくる教師がいます。毎日遅くまで丁寧にノートを見て、赤ペンを入れたり、付箋紙を貼ったりして、最後にはコメントまで書いている。そこにかける情熱、労力には頭が下がりますし、とても感心します。

　しかし、それほどの時間をかけた効果はあるのかなとも感じます。教育現場ではとかく情熱や意欲が評価されがちであり、そうした側面も否定できませんが、もっと費用対効果にも目を向けるべきだと思います。時間をかけただけの効果があるなら良いのです。しかし、宿題ノートを真っ赤にしても、それに見合う効果はあるのでしょうか。時間が無限にあるならば良いのですが、限られた時間のなかでは、まずはそうしたことを意識してみてほしいと思います。

　では、時間をかけなくても効果が上がる方法はないでしょうか。いくつかのアイディアをご紹介します。

● ドリル、ノートを授業中にチェックする

　例えば漢字練習の際、指定したページが終わったら挙手をさせます。個別指導をしながら教室内を回りつつ、挙手をした子がいたら

素早くその子のところに行きます。そして、やらせたところ全部を見るのではなく、画数が多い、少し面倒そうな字だけ見るのです。そういう字がちゃんと書けていれば、他の字も書けていると考えるのが妥当です。全部の字を一律に丁寧に見ようとするから、いくら時間があっても足りないということになるのです。

　こうして授業中にある程度見ておけば、残りは休み時間に見ることができます。もちろん、子供にドリルをやらせている時に、のんびりしていてはいけません。個別指導をしたり、ドリルのチェックをしたり、早く終えた子に別課題を出したりと、それこそ息つく間もないほどに全力で仕事をしましょう。１つひとつの仕事に全力を尽くしてこそ、早く帰ることができるのです。

●コメントではなく、○や◎を書く

　宿題で提出させたノートやドリルも、コメントは書かずに○や◎だけにします。オリジナルの花丸を開発しておくのも良いでしょう。日記の返事も基本的には、「いいね！」「すごい！」だけにします。私は、班ごとにコメントする日を決め、その日だけはしっかりと感想を書くようにしました。また、内容がシビアなものに関しては、本人に断り、放課後によく考えて返事を書くこともありました。

ワンポイント★アドバイス

作文指導も同じで、赤ペンで添削したり、コメントをびっしり書いたりしようと思うと、それが億劫で、作文を書かせるのをやめてしまう。そんな本末転倒なことが起きかねません。大切なのは、子供が活動するということなのです。

Lesson 2-6

集中力を最大限高める

集中してこそ
大量の仕事をこなすことができる

● 同じ60分でも仕事量は大幅に変わる

　勉強時間が長い割には成績が振るわない子がいます。一方で、さほど勉強していなくてもいつもテストで高得点を取る子もいます。それは才能の差というよりも、いかに集中しているかの違いだと思います。担任時代、毎日家庭学習を課し、どの程度の時間やったかもノートに書かせていましたが、同じ60分なのに子供によって明らかにやった分量が違いました。

　教師の仕事でも同様のことがいえます。

　もっと集中してやれば良いのにと思うような教師は、学校に残りがちです。一方で、いつも早く帰る教師は、まさに一心不乱という様子で仕事をしています。

　では、どうしたら集中力を高められるでしょうか。

　単純作業の場合は、どれだけ短時間でその仕事を行うことができるか挑戦してみると良いでしょう。クラス全員分のテスト採点に20分かかっているとしたら、それを19分に縮めるように挑戦します。テストの内容によって長短はあるでしょうが、タイマーで計り、記録しておきましょう。

　記録更新を目指せば、集中して取り組めること間違いなしです。それにもし記録を更新できれば、達成感を味わえ、次も頑張ろうと

いう気持ちもわいてきます。

● 小刻みな報酬で集中力を高める

　何となくやる気が起きない時でも、報酬を設定することで集中力が増します。実は先に挙げたタイムに挑戦するということも、新記録という報酬を目指して努力しているということなのです。

　とはいっても、テストを採点するたびに、自分へのご褒美を用意していたら大変なことになってしまいます。小さな報酬を小刻みに用意しておきましょう。

　例えば、指導案を2枚書いたらコーヒーを飲む。作文を10人分添削したらチョコレートを少し食べるなどです。

　あまりに短時間で報酬を設定すると、かえって集中できなくなってしまいますから、自分の集中力に合わせて設定すると良いでしょう。私の場合は30分に1回は5分程度の休みをとるようにしています。頭を高速回転させると20分程度が集中力の限界なのですが、一度休むと、再び集中するのに時間がかかるからです。

　そこで、20分たったらタイマーが鳴るようにしておき、ここからさらに10分頑張るぞという気持ちでギアを再度入れるようにしています。

ワンポイント★アドバイス

集中力が続かなくなってきたなと思ったら、軽く散歩をしたり体操したりするなど、体を動かすようにしましょう。適度な運動によって血の巡りが良くなり、脳が活性化するといわれています。

Lesson 2-7

「1人がんばるタイム」でさっさと仕事を進める

効率的に仕事をするために
時には孤独に仕事をする

● 雑事をシャットアウトする

　職員室では様々な人から相談されたり、電話がかかってきたりと、なかなか落ち着いて仕事ができないのではないでしょうか。すき間時間を有効に使うことは必須だとしても、仕事によってはある程度まとまった時間を確保する必要があります。

　吉越浩一郎さんは、トリンプ・インターナショナルの社長時代、残業ゼロを目指し、「がんばるタイム」というものを設定していたといいます。

　「がんばるタイム」とは、毎日昼休み後の12時30分〜14時30分までの2時間、社内での会話や立ち歩くことを禁止するだけでなく、外部からの電話も取り次がず、外出も禁止。ひたすら机に座って、黙々と自分の仕事だけに取り組むというルールです。

　もちろん、これをそのまま学校に当てはめることには無理があります。特に子供が学校にいる時には、子供への対応が最優先です。また、学校というのは、全員が一律に同じ時間で「がんばるタイム」に取り組めるような状況にはないでしょう。

　そこで、「1人がんばるタイム」を実践するようにしましょう。例えば、16時30分〜17時30分までの1時間は教室にこもることを習慣とします。教室にこもれば、同僚から話しかけられることも

ありません。

　教室の入り口に「『1人がんばるタイム』実践中」という貼り紙をしておけば、通りすがりに声をかけられることもありません。

　毎日の実践が難しいならば、まずは可能な日から取り組んでみましょう。

● 絶対に教室から出ない

　「1人がんばるタイム」を成功させるコツは、「1人がんばるタイム」が始まったら、絶対に教室から出ないということです。

　トイレに行くのも、資料を探しに行くことも禁止です。資料を探しに行って、同僚から話しかけられれば、「1人がんばるタイム」の意味がなくなってしまいます。

　ですから、「1人がんばるタイム」に入る前の段取りが大切です。

　その日に行う仕事をすべて教室に持ち込みます。そして、1時間で一気に片付けてしまうのです。

　そのためには、携帯電話は職員室に置いていきましょう。インターネットにアクセスすることも禁止です。お茶も飲みません。まさしく全身全霊をかけて仕事をしましょう。身を入れてやれば、たとえ30分でも効果的な時間となるでしょう。

ワンポイント★アドバイス

夕方に実践する場合、保護者から電話があったり、同僚から相談をされたりということがあるかもしれません。そこで、朝一番に「1人がんばるタイム」を設定するのも手です。自分のライフスタイルに合わせて実践しましょう。

Lesson 2-8

仕事以外の時間も効率化する

生活のなかの無駄を排除することで、仕事にもゆとりが出る

● 1日のトータルで時間を効率化する

　帰宅後のスケジュールも、手帳で管理すると良いとLesson 1に書きました。ある程度、学校外での時間も把握できたら、次にその時間もどうすれば効率化できるかを考えましょう。

　我が家は共働きで、核家族。頼れる親戚も近所にはいません。そこで私は、家事を妻と平等に分担してきました。10年以上、朝食、夕食を作り続けましたし、洗濯や掃除、保育園への子供の送迎もしました。こうなってくると、仕事の時間だけ効率を良くするだけでは、限界があります。例えば、家事の時間を短縮できれば、その分を仕事に回したり、余暇に使ったりできます。仕事の時間だけ効率化するのではなく、1日のトータルで時間を効率化することが大切です。

　まずは、仕事と同じように道具を使うことで時短ができないか考えましょう。例えば、私はテレビは基本的にハードディスクレコーダーに録画して見ています。そうすれば、コマーシャルの時間をカットすることができますし、見る気もない番組をダラダラと見続けることもなくなります。

　また、家事において食洗機は必須アイテムですが、他にも時短につながる道具があります。例えば、真空保温調理器を使えば、ずっ

と煮物のそばにいる必要はありません。調理器に入れてしまえば、あとは勝手に調理が進みます。風呂掃除は、洗剤を入れられるブラシを使って行っています。いちいち洗剤をかけながら掃除をしなくて済むので時短につながります。その他、引っ張るだけで洗濯物を取り外せるハンガーを使ったり、アイロンではなくスチーマーを使ってワイシャツのしわ伸ばしの時間を節約したりしています。

● 同時にやる、ついでにやる、こまめにやる

　仕事と同じですが、同時にやれることはないかを考えます。例えば、私は朝食用のゆで卵を作りながら、そのゆで時間の間に洗濯物を干しています。調理しながら不要な皿なども洗います。

　何かのついでにやることも効率化を促します。２階に用事がある時は、ついでにモップで階段を拭いたり、手すりをきれいにしたりするというようにです。風呂には最後に入り、掃除をしてから出るようにします。

　こまめにやることも有効です。手元にはハンディクリーナーを常備しており、床が汚れているなと思ったら、その場でさっと掃除してしまいます。そのため、食卓の上には、食卓掃除用ウェットティッシュを常備しています。

ワンポイント★アドバイス

インターネットも活用していきましょう。私の場合、時短レシピの検索や消耗品の買い物をネットで済ますことが多いです。買い物に行く時間を大幅に節約できます（もちろん、選ぶことが楽しい買い物はリアル店舗で買います）。

COLUMN II

仕事術プラスα 簡単！学級通信作成のコツ

　保護者への情報提供や子供たちを認める場として、学級通信はとても有効です。

　しかし、普段から忙しいのに、そのうえ学級通信を出すなんて、とても無理だという先生方も多いことでしょう。

　でも、それほど時間をかけなくても、学級通信を出すことはできます。私がおすすめするのは、写真週刊誌のように、大きな写真を記事の中心にしてしまう方法です。

　行事や授業の様子などを写真に撮り、それを大きめに載せます。そして、文章はその補足程度にするのです。これならば、10分程度で完成します。

　そのためには、ある程度のフォーマットを作成しておくと良いでしょう。

　まず、学級通信のタイトル、写真の大見出しの枠を作ってしまいます。その下に写真を貼り付ける場所を設け、一番下にコメント欄を付けておきます。

　その際、コメントの量によって写真の大きさを変えるのがポイントです。コメントはさっと思い浮かぶ時もあれば、何を書こうか迷うこともあります。迷ったら、ほんのひと言にしておけば良いのです。その場合は、写真を大きくすればスペースが埋まります。逆にいろいろと書きたいことが出てきたら、その分写真を小さくすれば良いのです。

　こうすることで、短時間で学級通信を完成させることができます。

Lesson 3

無理なく力量アップ!
だれでもできる教師修業術

ここでは無理なく、短時間でも力量を高めることができる実践を紹介しています。忙しい毎日だからこそ、効率的に教師修業に励みましょう。

Lesson3…実践者の声

これからも無理なく学び続けていきたいです！

（男性教諭／教師歴6年目）

　2年目や3年目の頃はやっていたのに、日々の忙しさについつい後回しになっていた実践がいくつかありました。例えば、メンターと決めた先生と疎遠になってしまったり、書店から足が遠のいてしまったりということです。

　このレッスンを実践することで、そうしたことを再認識することができました。忙しいなかでもやれることは多いのだと改めて思いました。

　学びを見える化すること、目標を文字化することなど、やる気を継続させていくコツを教えていただきました。やる気にムラがあったので、こうした取り組みで学び続けていきたいと思います。

　また、力量がアップすることで、教材研究の時間が短縮できたり、やりがいをもって仕事ができたりするので、単に効率良く仕事をすることばかりではなく、教師修業も同時に行っていくことが大切なのだとわかりました。

Lesson3-2 保護者や子供に教えを請う

　さっそく子供たちにアンケートをとるようにしました。アンケートの内容は、「1　今日の授業はわかりやすかったですか？」「2　先生はわからないことを教えてくれたり、認めてくれたりしましたか？」という2点です。

　1については、素材、教材研究、発問などにより大きく変わることがわかりました。わからないことがわかった授業、できないことができるようになった授業はやはり高評価でした。解説が多くなるなど、しゃべりすぎたなという授業の時はあまり良くない評価でした。子供は正直だなと思います。

　2に関しては、予想以上に良い評価でした。特に勉強を苦手としている子供から高評価をもらいました。これは正直、とても嬉しかったです。それに比べると、好成績の子供からの評価は低い傾向にあり、できる子への手立てが行き届いていないことがわかったのです。

　これからも定期的に子供たちの意見を聞き、授業改善につなげていきたいです。

Lesson3-4 通勤時間に教師修業に取り組む

　子供が生まれてからは、家では集中して授業名人のCDを聴いたりDVDを見たりすることができなくなりました。そんな時、このレッスンを知り、さっそく通勤の車のなかでCDやDVDを聴くようにしてみたのです。DVDは安全のために運転中は映像は出さず、音声のみです。しかしそれによって、かえって授業者の話し方や間の取り方が良くわかり、効果的だと感じています。車のなかなので、自分も声を出して話し方を真似することもできます。勤務先は近いので、10分程度の短い道のりですが、この取り組みを始めてからは、同じ10分がとても価値あるものへと変わりました。

Lesson 3-1

教科書や指導書を使い倒す

まずは手元の資料を
徹底活用しよう

● 教科書を使い倒す

　教科書は子供のものだからと、深く読み込んでいない教師は意外に多いといいます。教育書は熱心に読むのに、教科書はさらっと読む程度。これでは本末転倒だと思うのです。

　本当に効率的な勉強法は、あれこれ問題集を買うことではなくて、教科書をとことん活用することだと思います。教師の力量アップにも、同じことがいえると私は思っています。

　では、どのように教科書を使いこなすと良いでしょうか。

　まず、どの教科書にも「この本の使い方」というページがあるはずです。そのページをチェックしましょう。すると、教科書で使われている記号の意味や、大事な部分の書き表し方がわかります。

　次に、巻末資料やトピックなど、教材としては扱わない部分を読みましょう。思った以上に、授業の際に活用できるネタが多く載っているものです。

　それから、教科ごとの特性に合わせて教科書を読み込みます。

　国語ならば、手引きに着目します。手引きでどんな活動を行わせるのかを理解し、実際に自分で手引きの通りにやってみましょう。自分が体験しておけば、子供に教える時にスムーズにできます。

　算数の場合は、問題の解き方が例示されているはずです。それを

そのままノートに写します。その際のノートは子供が使うものと同じものにします。すると、「横に続けていっては式が入りきらない」など、ノート指導のポイントがわかってきます。

社会は資料を読み込みましょう。出典はどこか、どんなことがわかるのか。その気付きをどんどん書き出していきます。

理科は、実験で必要なものを理科室で確認したり、観察する植物の実物を見たりしながら、教科書を読み込むと良いでしょう。

● 指導書を使い倒す

教科書の内容について書かれた指導書もあまり活用されていないようです。かつての指導書には、読んでいて首をひねってしまうような解説も多かったのですが、近年は力のある教師の方が執筆しているようで、非常に参考になります。教材分析や教え方、板書例など大いに取り入れていきましょう。

こちらも教科書と同じように隅々まで読むと、いろいろな発見があります。ある作家が、教科書に掲載された自作の物語への思いを語っているコラムを読んだことがありますが、これなどは指導書を読み込まない教師は目にすることがないと思います。実にもったいないことです。

ワンポイント★アドバイス

こんなに読み込むと時間がかかって仕方がないという意見もあるでしょう。しかし、一度徹底的に読み込んで使い倒しておくと、次に同じ学年を担当した時にはずっと少ない時間で行うことができます。

Lesson 3-2
保護者や子供に教えを請う

素人だからと
甘く見てはいけません

● 素人に授業はわからないのか？

　研究授業で外部講師を招き、専門的なことを学ぶ。これは教師として大切な研修です。しかし、授業が難しくなりすぎて、研究のための授業になっている事例も多く見聞きします。

　授業の善し悪しは、専門家だけにしかわからないものなのでしょうか。保護者や子供は教育の素人なので、授業の本質はわからないという意見もあります。

　しかし、授業の受け手は子供自身なのです。授業の受け手である子供自身が、「つまらない」「わからない」と言うようでは、いくら専門的な見地から鋭い授業だといっても虚しく聞こえるだけです。

簡単なことを簡単に教えるのは普通の教師。
難しいことを簡単に教えるのが優れた教師。
簡単なことを難しく教えるのがだめな教師。

　このような言葉があります。専門的な内容を、保護者や子供が聞いても、「わかりやすい授業だな」と思ってもらえるように授業ができる教師でありたいものです。そのためには、「素人」からの意見は欠かせません。

我以外皆我師

　小説『宮本武蔵』などで人気を博した吉川英治は、「我以外皆我師（我以外みな我が師）」という言葉を座右の銘としていたといいます。保護者も子供も自分にヒントを与えてくれる存在なのだと意識し、直接授業へのコメントを求めるようにしてみましょう。例えば、授業参観の時には保護者にアンケートをお願いするのです。
　観点は次の２つ程度で良いでしょう。

- 授業はわかりやすかったか？
- 教師の子供への関わりは適切だったか？

　それぞれをＡＢＣで評価してもらいます。そして、可能ならばその根拠も記述してもらいましょう。特にＣ評価の場合、改善のヒントも書いてくださいとお願いします。
　なお、より良い教師になるためにこのようなアンケートを実施しているという目的は必ず伝えましょう。決しておざなりの調査ではないのだと理解してもらうことが大切です。
　子供へのアンケートも同様で良いのですが、こちらは自分が今日は授業を工夫したなという時と、日常的な授業の時とを比較していくと良いでしょう。その工夫の効果がわかります。

ワンポイント★アドバイス

このような取り組みをすると、教師の権威が落ちるのではないかと心配する人がいます。しかし、力量向上のために力を借りたいのだという教師を馬鹿にする人などいません。むしろ信頼を寄せてくれるはずです。

Lesson 3-3

メンターを
たくさんつくる

先達を見つけることこそ
上達への早道

● メンターを探そう！

　物事というのは、自分1人であれこれ考えていても、なかなか上達するものではありません。例えば、まったく泳げない人が自力で泳げるようになるには相当の努力が必要です。しかし、スイミングスクールに入れば、早い人は数回で泳げるようになります。

　仕事をするうえでも、スイミングスクールのコーチのような人がいれば良いのですが、あいにく初任者でもなければ指導教官は付いてくれません。

　そこで、コーチとなってくれる人を積極的に探す必要があります。

　ここでいうコーチとは、師匠ほど敷居の高い存在ではなく、気楽にアドバイスをしてくれる先達という意味です。こういう人のことをメンターといいます。

　例えば、職場にコンピュータについて非常に詳しい人はいませんか。そういう人をメンターとして、コンピュータについていろいろと教えてもらいましょう。教科のスペシャリストもいるでしょう。国語ならA先生、算数はB先生というように、その時々の必要性によって、いろいろなメンターを見つけていくと良いでしょう。受け身でいてはいつまでたってもメンターは見つかりません。これはと思う人にはどんどん教えを請いましょう。

なお、メンター選びの基準は、自分の実感を大切にしてください。地域で有名な人だからといった理由でメンターを決めてはいけません。そういう人が、必ずしもあなたにとって素晴らしいコーチになるとは限らないからです。

● メンターをその気にさせよう！

いくらこちらがメンターと決めても、メンター側に拒否されるかもしれません。いやいや教えられても、深い学びにはつながらないのです。私も時には教えを請われることがありますが、教え甲斐のある人と、そうではない人がいます。では、どんな人が教え甲斐があるのでしょうか。

・**熱意のある人**

教えると真剣なまなざしで聴き入り、熱心に頷くような人には、非常に好感をもちます。反対に、質問しておいて、妙にクールな人には、教えたくないなと思います。

・**教えたことを素直にすぐに実践する人**

教えたものの、一向にそれを実践する気配すらない人もいます。一方で、すぐに実行し、そのことを報告してくれるような人には、次は何を教えようかと、こちらの意欲も高まります。

ワンポイント★アドバイス

まわりにメンターとなるような人はいない。そう嘆く前に、その気になって探してみましょう。見つけようと意識していると、意外な特技がある人に気付くこともあります。また、メンターが年上である必要もありません。

Lesson 3-4

通勤時間に教師修業に取り組む

通勤時間を使えば
無理なく続けられる

● 継続こそ力

　継続こそ力なり。子供たちにも、そうした話をしますよね。しかし、一時は熱心に教師修業に取り組んだものの、なかなか続かないという人が多いようです。

　若いうちは時間があったけれど、結婚し、子供ができたり、校務分掌が増えて時間にゆとりがなくなったりして、教師としての力量を高めるための時間がとれないという話をよく聞きます。

　ですが、常に学び続けなくては、教師の腕は落ちていってしまいます。また一時に一気にやるよりも、こつこつと長年続けたほうが、結局は力量アップにつながります。

　問題はどこでその時間を確保するのかということです。毎日、短時間でも必ず確保できる時間はないでしょうか。通勤時間がそれに当たります。よほど家が近いわけでもない限り、だれにでも通勤時間はあるはずだからです。

　そこで、通勤時間は必ず教師修業のために使うと決めてしまうと良いでしょう。通勤時間というと、無駄な時間というイメージになりがちですが、自分に与えられた自由時間と捉えると、使い方にあれこれと工夫を取り入れようという気持ちになります。

● 通勤時は音声を中心に学ぼう！

　電車で通勤している場合、オーソドックスな勉強としては読書を挙げることができるでしょう。しかし、電車に乗るまでの移動時間などを考えた場合、音声を活用することも視野に入れましょう。自動車での通勤の場合は、もちろん音声が中心となります。スマートフォンや自動車のオーディオで音声を聴きながら通勤しましょう。では、どんな教師修業が可能でしょうか。

・**オーディオブック**：書籍を朗読し、それを録音したもので有料ですが、芥川賞受賞作や話題作なども手に入ります。黙読するよりも時間はかかりますが、本を読む気にならない時でも耳から強制的に入ってくるので、無理なく読む（聴く）ことができます。

・**ポッドキャスト**：インターネット上で公開されている音声や映像ファイルのことで、ラジオ番組などが多数公開されています。ニュースや国際情勢、ビジネス情報などの情報収集におすすめです。

・**ICレコーダー**：授業の様子を録音、それを聴きながら通勤するのも良いでしょう。自分の授業を聴くのは初めは恥ずかしいものですが、毎日繰り返すと慣れてきますし、冷静に様々な振り返りができるようになります。教師修業にはかなり有効な方法です。

ワンポイント★アドバイス

私は車で5分程度の職場に通っていたことがありますが、そんな時はあえて自宅を通り過ぎて遠回りをして帰りました。ここまで聴いてから帰宅すると決めていたからです。

Lesson 3-5

リアル書店に行く

書店は情報収集の
重要拠点

● 月に一度はリアル書店に行く

　都会ならともかく、私の住んでいる地域の書店には、教育書はほとんど置いていません。書店の数もどんどん減っています。

　そこで、インターネットで本を注文することがかなり増えてきました。また雑誌などは、学校に出入りしている業者から買う教師もいます。定期購読していると、毎月職員室まで雑誌を届けてくれます。友人のおすすめや、雑誌の広告、インターネットの情報を参考に本を買っている人も多いようです。わざわざリアル書店に足を運ばなくても、実に様々な本を買うことができます。便利な世の中になったものだと実感しています。

　しかし、1つ気を付けたいことがあります。友人やネットの情報には偏りがあるかもしれないということです。例えば、国語にはいくつもの教え方があります。とにかく多く書き、多く読むことが大切で、書き方、読み方などを教え込むのは良くないという考え方があります。一方で、言葉をどう使うかの技術こそ教えるべきだという考え方もあります。

　もし、あなたの友人が技術こそ大事だという考え方の持ち主である場合、すすめられるのはそうした種類の書籍でしょう。お気に入りのホームページにも同様のことがいえます。

一方で、リアル書店には様々な立場の本が置いてあります。また、書店によっての個性もあります。ぜひとも月に1回は、複数のリアル書店に行くようにしましょう。

● 書店で何を見るのか？

書店に行って教育書を探すというのは、基本中の基本。実は効率的な力量アップのためには、それだけでは不十分です。教育書以外の本もチェックしましょう。

まずは、児童書のコーナーは必須です。授業で使える絵本、子供たちに人気の物語をチェックしましょう。教室で話題にしたり、研究授業で使ったりできます。子供用の勉強の本も役に立ちます。俳句や古典など、そういう学習が苦手な教師にとっての入門書代わりに適しています。

次に、学習参考書や学習法のコーナーも見ましょう。保護者向けの書籍も要チェックです。子供の集中力を高める方法や、塾での教え方なども知っておくと、自分の授業に応用できます。

私は中学入試の問題を入手し、それをアレンジした問題を、「挑戦問題」として子供に提示していました。できなくて当たり前だと言うと、かえって挑戦する子が多く、授業が盛り上がりました。

ワンポイント★アドバイス

リアル書店にはあるのに、ネットでは売り切れている本もあります。本との出合いを大切にしましょう。この本だと直感したら、迷わず買うことをおすすめします。

Lesson 3-6

学びを見える化する

努力すべき目標や学びの足跡が見えると意欲が継続する

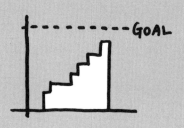

● これからの学びを見える化する

　教師として学び続ける大切さはわかっていても、毎日の忙しさについつい後回しにしてしまいがちです。特に何をどう学んでいくのかが曖昧だと、結局は何もしないまま1年が過ぎてしまったということになりかねません。

　そこで、年度始めにはこの1年で何を学んでいきたいのかを紙に書き出すようにしましょう。そして、それをいつでも見えるようにしておくのです（詳しくはLesson 3－8を参照）。

　また、これから読もうという教育書は、自宅のよく目につく場所に積んでおきます。いわゆる積ん読というものですが、書名を見るだけでも意識が高まるものです。

● これまでの学びを見える化する

　私はランニングを始めた時、動機付けのために走った距離の累計を手帳にメモしていくようにしました。昨日5キロ、今日5キロなら、合計10キロと記録します。明日、さらに5キロ走れば、累計は15キロになります。つまり走った距離を見える化したのです。

　これにより自分がどのくらい走っているのかを常に意識できるよ

うになりましたし、距離を延ばすことが励みにもなりました。

日々の学びも、このように成果が見えると、努力を続けることにやりがいを感じるようになります。

では、どのように学びを見える化していくと良いでしょうか。

・**読んだ本の数や、参加した研修の数を累計する**

まずは読んだ本の数をカウントしましょう。今年何冊目なのかを意識することで、意欲が高まります。研修会に参加したらそちらもカウントしましょう。数を意識すると、さらに回数を増やしたいと思うものです。

・**購入した本や研修会の資料を本棚に並べる**

本棚を購入し教育書専用の棚を作り、読んだ本や研修会の資料を並べていくようにしましょう。数字だけではなく、実際に本が次第に増えていくのは、なかなか気分の良いものですし、頑張ろうという気持ちが高まります。

また、読んだ本の背表紙を見ることが、内容の振り返りにつながるので、そうした面での効果も期待できます。

・**新たに知った教育技術を人に伝える**

学んだことを教室で実践することはもちろん、新たに知った教育技術を同僚や後輩に伝えていきましょう。人に伝えることによって自らの学びをより実感できるようになるはずです。

ワンポイント★アドバイス

一番の見える化は、学んだことを教室で実践し、子供たちの姿を見ることです。子供たちが嬉しそうに学んだり、成長したりしていく姿は、何よりも学びの原動力となります。そして、学んだことは、どんどん教室で実践していきましょう。

Lesson 3-7

与えられた仕事に全力を尽くす

他人の力を借りて
力量を高める

● 自律よりも他律

　自らの力量を高めたいと思っても、なかなかやる気が出ない時があります。

　私も若い頃、「今年はこれを頑張るぞ」と思っても、夏休み頃にはその気持ちはどこかに消えてしまっていることがよくありました。そんな時、師である野口芳宏先生から、

「自分は意志が弱いので、頼まれた仕事は断らない。そうすることによって、他から強制的に仕事を与えられ自らを律している。つまり自律よりも他律でやっている」

というお話を伺いました。

　野口先生のような偉大な先輩でさえそうなのだから、自分がつい怠けてしまうのは仕方がないことなのだと思うと同時に、それならなおのこと、頼まれた仕事は断らず、与えられた仕事には全力を尽くすことを心がけるようにしています。

● 他律的仕事を行うメリット

　与えられた仕事、つまり他律的仕事に全力を尽くすことには、他にもメリットがあります。

・仕事の幅が広がる

　自分の意思だけで、力量向上のための取り組みを決めると、どうしても好みが出てしまうものです。

　例えば私ならば、国語の指導をどうするかなどに偏りがちになります。ところが与えられる仕事は国語だけではありません。

　若い頃に体育主任を任されました。そこで私は、体育指導についてかなり熱心に深く学びました。そのお陰で、今は教頭として体育主任に具体的なアドバイスをすることができています。自らの好みだけで力量形成を図っていたら、こうしたことはできなかったでしょう。

・次の仕事へとつながる

　これは、自分が現在仕事を頼むことが多い立場にいるので、実感していることなのですが、仕事をお願いするのは、その人への期待があるからです。その際、こちらが予想していたよりも熱心に仕事をしてくれる人がいます。すると、「この人は仕事ができる。次も頼もう」と思います。その繰り返しの結果、一生懸命にやる人には、さらに大きなステージが用意されるようになります。それにより、その人の力量はさらに高まっていくものです（もちろん、仕事ができると評価されている人だけに負担がかかるようではいけませんので、その点への配慮は欠かせません）。

ワンポイント★アドバイス

他律的自律の方法としては、勉強会の立ち上げもかなり有効です。先輩に指導役を頼んだり、同世代の友人と勉強会を立ち上げたりすることを強くおすすめします。

Lesson 3-8

力量アップにつながる手帳活用術

スケジュール管理だけではもったいない!

● 目標を常に意識する

　スケジュール管理としての手帳活用については、Lesson 1で述べました。ここでは、力量アップにつながる手帳活用法について、いくつかのアイディアをお伝えします。

　自己啓発書における目標達成のための定番ともいえるのが、目標を紙に書き出すということです。目標を書き出すことで、それが自分自身への約束となり、その約束を守るべく努力するのです。

　昔のドラマで受験生が「○○大学合格」という紙を机の前に貼って熱心に勉強するシーンを見たことがあります。実際、紙に書くことで、その大学に合格するための行動をとらなければならないという意識が高まります。ですから、この受験生の行動は理にかなったことなのです。

　この方法を教師としての力量アップにも生かしていきましょう。ただし、教室に自分の目標を貼り出すのはちょっと抵抗があるかもしれません。そこで私は手帳の最初のページに、その年の目標を書き出すようにしています。例えば、

子供たち一人ひとりが生き生きと過ごせる学級をつくる

という1年間を総括する大きな目標を太く大きく書きます。さらにその下に、具体的に何をしていくのかを書きます。

- 毎日子供全員とコミュニケーションを図る
- 算数の平均点を90点以上とする

　可能ならば、できているかどうかが判断可能なように数値目標などを入れて、具体的にしておきます。

　そしてこのページを常日頃から繰り返し読むのです。例えば朝、スケジュールの確認をする時や放課後に1日を振り返る時、朝の会が終わった時や休み時間などです。常に手帳を携帯するようにしておけば、1日に何度も読み返すことができます。

●教育技術も繰り返しチェック

　目標を記入した次のページには、その年に身に付けたい教育技術も書き出しておきましょう。例えば、

- 挙手指名から意図的指名に変える
- 作業は小刻みにさせる
- ペア対話を活用する

など、自分に足りない技術を書き込み、これも日々読み返すのです。教育書を読んでもなかなか効果が出ないのは、それを繰り返し実践しないからです。手帳に書き、1日に何度も読み返すことで、意識化が図られ、その技術が身に付いていきます。

ワンポイント★アドバイス

教育技術、コツなどは自分で見つけることも大切です。教育技術を書き込んだページのあとは、数枚白紙にしておき、自分で気付いたコツなどを書くようにしましょう。1年後には貴重な財産となっているはずです。

COLUMN III

仕事術プラスα　掲示物を効率的に作る

　教室の壁面に掲示物を貼ることがありますが、この作成に結構な時間をかけている人がいます。図工の作品展がある時期などは、子供の作品を貼れば良いのですが、そうそういつも掲示物があるわけではありません。

　では、そもそも掲示物は何のために作成するのでしょうか。決して授業参観でのアピールのためではありません。子供が学習を振り返ったり、次の学習へのヒントにしたりするために作成するのです。そう考えると、授業と連動している掲示物こそ有効だといえます。つまり、授業のなかで掲示物を作ってしまうことが時間的にも目的としてもベストなのです。

●**子供と一緒に視写する**：国語の授業で、物語の本文を模造紙に書いて、それを掲示していくことがあります。これを放課後にやるのでは時間が足りません。重要場面は子供たちに視写をさせ、教師も子供と一緒に模造紙に視写すれば良いのです。

●**算数の学習問題やまとめは模造紙に書く**：算数の場合、学習問題とまとめを見るだけで、単元の流れが容易に思い出せます。そこで、学習問題とまとめは模造紙に書いて、それを壁面に掲示していくのです。前時の復習などに有効です。

●**社会や理科の重要語句をカードにする**：社会や理科では、授業の最後にその日の重要語句を復習するようにしましょう。その際、その語句を画用紙で作った大きめの短冊に書いてしまいます。そして社会や理科のコーナーに貼っていきます。語句が一定数以上たまったら、時々フラッシュカードのようにどんどんめくりながら復唱させると、知識の定着率が上がります。

> Lesson 4

先手必勝!
子供からの信頼が高まる教師の仕事術

ここでは、段取り良くすることや効率的に行うことが、子供からの信頼につながる実践を紹介しています。子供からの信頼は学級を安定させ、その結果が生徒指導の時間などの時短になります。また、いくら早く帰ったとしても、子供からの信頼がなければ本末転倒だといえます。

Lesson4…実践者の声

> ゆとりが出ることで、子供との人間関係も良好に！

（女性教諭／教師歴12年目）

　授業に遅れないことや、学習進度を前倒しで進めておくことなど、基本的なことをしっかりと守っていくことが、信頼の土台になるのだなと感じました。

　私の性格としては、前倒しでどんどんやるというのはなかなか難しいのですが、このレッスンを実施することで、学習進度を定期的にチェックするなど、常に先へ先へと進める習慣が付いてきました。

　また、スタートダッシュを夏休み明けのリスタートにも応用しようと、休み中に本を読んで参考になりそうなページに付箋紙を貼り、それをコピーしていきました。2学期に使えそうな資料も同様にコピーし、ノートに貼りました。1学期に取り組んだデータも整理しました。こうした準備のお陰で、9月に良いリスタートが切れたのです。

　前倒しで取り組んだり、あらかじめ準備をしたりすることで、結果的にゆとりが出てきます。ゆとりが出ることで、子供たちとの関係も良好になる。そういう相乗効果があると感じています。

Lesson4-5 段取りが命！素早くできる成績処理＆所見のコツ

　以前から「よい子のノート」に記録をためていましたが、午前の分と午後の分を分けて書くことを意識できていませんでした。そこで、給食を食べる少し前ならば、書く時間をつくれそうだったので、活用することにしました。このレッスンで最も効果的だったのは、どの場面でも子供の良さを見取ろうとするように意識が変化したことです。「見つけよう！」という目をもつことで、これまでよりも子供の良さを多く見つけることができました。また、見つけたらすかさずほめることで、次の善行につながるという好循環が生まれたのです。ほめられる機会が増えると、どの子も「次は自分も」と思うようでした。所見に書きたいことが多く集まりすぎて、何を書こうか迷うようになりました。

Lesson4-6 話のネタを常にストックしておく

　週刊誌やインターネット、本などで情報収集をしていますが、このレッスンを読んで、「しっかり返事をしなさい」「姿勢を正そう」という話をする代わりに、「人の見た目」についてのエピソードを話しました。「見た目」とは、容姿だけではなく、身振り、表情、挨拶などの態度も含むものであり、それに関わる体験を話したのですが、いつもよりも子供たちは真剣に話を聞いていました。また、オリンピックや世界的なスポーツ大会などのエピソードは、報道の効果もあって強いインパクトを与えます。大会後には必ず特集記事が組まれるので、インターネット上の記事をプリントアウトしておいたり、雑誌であれば付箋紙を貼っておいたり、後で活用できるようにストックしました。男子400メートルリレーで、参加できなかった選手が裏方で献身的にサポートした話は、表舞台で輝く人たちだけで栄光をつかみ取れるわけではない、という語りにつながりました。それにより、努力することの素晴らしさや周囲に感謝をすることなど、強いメッセージを伝えることができたのです。そんな話をする時、全員の目がまっすぐに私に向くのを感じます。だからこそ、伝わっている実感があります。

Lesson 4-1

スタートダッシュで差をつける新年度準備のコツ

初めの仕込みが
信頼と時間節約を生む

● まずは資料収集

　新年度の担当学年が決まってから、実際に子供たちが登校してくるまではあっという間です。この短期間でいかに効率よく準備するかで、その後の学級運営が左右されます。

　では、どんな手順で準備をすると良いでしょうか。

　私の場合は、まずノートを2冊用意します。A4判の大きめのノートで、それぞれ「学級経営用」と「教科用」とします。

　次に、自分の家の本棚をざっと見ていき、担当する学年で使えそうな本を片っ端からどんどん引っ張り出します。そして、専用の本棚に移していきます（本棚といっても、ホームセンターで売っているカラーボックス2つです）。また大きめの書店に行き、該当学年の関係書籍を買い求めます。例えば、「5年生の学級経営」などと学年が明記されているものや、「家庭科」「外国語活動」など、その学年になると始まる教科などを観点に本を探しましょう。

　次に、パソコンで過去のデータを検索し、使用できそうなものはプリントアウトしていきます。

　さらに、以前にその学年を担当した時のノートや週案なども出しておきます。もしも初めて担当する学年ならば、前年度その学年を担当した先生に週案や学年だよりなどを貸してもらいましょう。

● ノートに一元化しておく

　資料が集まったら、過去の週案や学年だよりを読み、1年間の見通しを立てます。どんな準備が必要なのかに気付くことも多いので、そうしたことは学級経営用や教科用のノートにメモしていきます。

　次に教科書を読み、大体の学習内容を把握します。初めて受け持つ学年ならばある程度入念に、慣れている学年ならばざっと読みます。

　さらに本や雑誌、過去のノートに目を通します。じっくり読んでいる時間はないので、斜め読みで、ざっくりと読みますが、気になったところには付箋紙を貼ります。本や資料によっては付箋紙だらけになるかもしれませんが、気にせずにどんどん貼ってきます。

　次に付箋紙を貼ったページをコピーします。その際、付箋紙だらけになった資料や本はコピーせずに、教室に常備するようにします。

　コピーした資料は、先程のノートと同様に2つに分け、ざっくりとその使用時期順に並べます。あとはそれをノートに貼っていくだけです。その際、コピーは左側に貼り、右はメモ欄として取っておきましょう。追加情報や実践しての気付きなどをメモするためです。そうすれば、再度同じ学年を担当する時の有益な情報となります。

ワンポイント★アドバイス

夏休みになったら同じような作業を行い、資料をブラッシュアップしましょう。見落としていた資料や、やり残していた資料をコピーして、ノートに貼っていきます。時間があれば、実践しての気付きを少し詳しく書いておくことも有効です。

Lesson 4-2

学習計画は超前倒しで立てる

3月では
遅れは取り戻せません

● 学習進度が遅れがちではありませんか？

　教頭をやっていると、様々な保護者からの意見が耳に入ってきます。そのなかで、授業に関して一番多い心配事は何だと思いますか。
　私の経験では、学習進度です。特に複数のクラスがある学年の場合、他のクラスと比べて非常に進みが遅いが大丈夫かという相談件数がトップです。
　私は6年生の担任をすることが多かったのですが、歴史の授業で隣のクラスの進度を見ると、2つくらい前の時代をやっているといったことが、ざらにありました。このままでは、「昭和」の学習はほとんどやれないだろうと心配したものです。

● 学習計画を立てる

　各学校では、年間の学習計画（指導計画）を作成しているはずです。この計画の通りにやれば、3月にはすべての学習が終わっていることになります。しかしこの計画では、途中で遅れが出た場合、遅れを取り戻すことが困難です。そこで、学校の計画を自分なりに作り直しておくことをおすすめします。
　具体的には、1月にはすべての授業が終わるように計画し直しま

す。そうすれば、授業に遅れが出ても、残り2か月で調整することができます。

また、計画通りに終わった場合は、残り2か月を復習にあてることができます。「百ます計算」で有名な陰山英男さんは、年度始めに1年分の漢字を学習させ、その後定着を図っていくという手法を提唱しています。その方法は賛否両論あるのですが、復習の時期をまとめてとっていくという発想は重要です。

●マイルストーンを忘れずに

マイルストーンという言葉を聞いたことがあるでしょうか。道路や鉄道にある距離標識のことです。ビジネスにおいては、長期にわたるプロジェトの節目となるステップを表します。

1年間の学習計画のなかにも、こうしたマイルストーンを用意しておく必要があります。例えば、5、7、9月といったように2か月に1回、月末に各教科がどこまで進んでいなければならないかを学習計画に盛り込んでおきます。そして、決められた日に進度を確認するのです。

そこで進度が遅れていたら、次のマイルストーンまでにどう修正するのかを考えていきます。

ワンポイント★アドバイス

進度ばかり気にすると、授業の内容、質は良いのかという話になります。もちろん質は重要ですが、それにこだわりすぎて先に進まない事態は避けましょう。最後の2か月の復習期間で質を高めることもできるので、まずは先に進みましょう。

Lesson 4-3

授業に遅れない、延ばさない

信頼の基本は
時間を守ることから

● 時間を守っていますか？

　子供たちに話を聞くと、言っていることとやっていることが違う教師は人気がありません。「あの先生は、口ばかりだ」と不信感をもっています。特に、時間に関しては、「チャイムが鳴った時には着席しているように！」と子供に厳しく注意するのに、自分は平気で授業を延ばす教師がいます。

　小学校ではほとんどの時間を担任が教えるために、特に授業の終わりがルーズになりがちです。次の時間に別の担当が教えることになっていれば、気楽に延長などできませんが、次も自分の授業だという気安さから、安易に授業を延ばしがちです。その結果、子供たちは、「この先生は時間を守れというのに、自分は守らないじゃないか」と不満を抱き始めるのです。

　ですから、子供に時間を守れと強いるならば、まずは教師自身が授業は１秒も延ばさないという覚悟をもつことが大切なのです。

　もちろん、わざと授業を延ばす教師はいないでしょう。しかし、「絶対に延ばさない」と思っている教師は、さほど多くありません。多少延びるのは仕方のないことだと思っているのです。

● 遅れるのも厳禁

　授業を延ばさないことは当然ですが、授業に遅れていくことも厳禁です。こちらのほうはあまり意識していない人が多いのではないでしょうか。

　確かに授業開始が遅れた場合、そのほうが好都合という子供もいるでしょう。しかし、なかにはしっかりと授業をやってほしいと不満をもつ子もいます。

　そうした子は概してまじめな子ですし、その子の不満はやがて保護者にも伝わり、担任への不信感へとつながります。

　授業時間を勝手に短くすることが続けば、決められた授業時数が足りないということ、つまり未履修になる可能性もあるのです。突発的な生徒指導などで授業に遅れることもあるとは思いますが、基本的なスタンスとしては、時間になったら授業をすぐに始めるという覚悟が必要です。

　時間通りに始めないから授業が延びるのであり、進度も遅れるのです。ですから、授業を延ばさないために、まずはきっちり時間通りに始めることを意識していきましょう。

ワンポイント★アドバイス

一番延ばしてはいけないのが、帰りの会です。子供たちは帰りたい気持ちでいっぱいなので、延長するのは大きなマイナスです。それが毎日続けば子供たちはうんざりします。研修会の終わりが延びたらなど、自分に置き換えてみましょう。

学習進度が遅れた時の回復術

授業の遅れが不信感を生む
しかしもし遅れてしまったら……

● マイルストーンに合わせて回復する

　Lesson 4-2で学習計画を前倒しで作る大切さを述べました。学習の遅れは子供や保護者からの不信感を招きます。
　しかし、そうはいってもなかなか計画通りにはいきません。そこでマイルストーンを設定し、時々チェックすると良いと述べました。ここでは、具体的にどのように遅れを取り戻したら良いのかをお伝えしましょう。

● 教科別進度回復術

・国語：漢字についてはその時の教材の進度とは関係なく、どんどん進めておきましょう。それだけを心がけていれば、教科書教材の進度が遅れても取り戻せます。物語文や説明文などでは、教師が読み聞かせをしながら、いくつかの問題を出していきます。例えば、「ここでなぜ、大造じいさんは残雪を撃つのをやめたのだろう？」など発問として扱うような問題をクイズ形式でどんどん出していきます。そして、あまり時間をかけずに答え合わせをし、簡単に解説します。こうして読み聞かせをしていけば、1時間でその文章のおおまかなところを子供たちは理解できます。そして、次の時間では徹

底的に音読をさせます。これで最低限の指導はできたことになります。2時間で終わるので、進度回復に効果的です。

・**社会や理科**：例えば、「あたたかい土地のくらし」を短時間で終わらせるには、その単元の重要なことを新聞としてまとめさせます。ノート見開き2ページにまとめさせても良いでしょう。まずは教科書の内容をざっくりと解説します。ここをしつこくやると進度が遅れるので、15分程度に収めます。そして各自で新聞作りをさせるのです。大学のテストでは、ノート持ち込み可の場合がありますが、その際のノートを作るようなイメージで取り組ませましょう。教師はその間、学習の苦手な子たちを見回り、ポイントをどんどん教えていきます。次の時間に、特に良くまとめてある子の新聞を印刷して全員に配付します。その新聞を解説して、学習は終了です。理科も同様にできますが、観察や実験は省略しないほうが良いでしょう。

・**算数**：たいていの場合、教科書には例題と解き方が載っています。その解き方の部分をノートに写させます。そして、練習問題を何問かその解き方と同じように解かせます。1問1問例題と同じように、できたかだけを確認します。あとはひたすら練習問題を解かせ、できない子には個別指導をしていきます。ただし算数というのは系統性が強いので、簡単に済ませてしまうと後々苦しくなるため、要注意です。

ワンポイント★アドバイス

もちろんここに挙げた方法は、あくまでも緊急処置です。できればこれをやらずに済んだほうが良いのです。しかし、進度が遅れたままでいるよりはましだということです。

Lesson 4-5

段取りが命！ 素早くできる成績処理＆所見のコツ

日常の積み重ねこそ
仕事術の基本

● 具体的な情報をこつこつ集める

　通知表の所見は具体的であればあるほど、どのように努力したのか、どのように活躍したのかが明確になります。すると、その所見を読んだ子供のやる気が高まります。また、保護者にとってみれば、「先生はここまでよく我が子のことを見てくれているのだ」と感じ、教師への信頼が高まります。

　具体的な所見を書くには、日頃から子供のことをよく観察し、記録に残しておく必要があります。成績処理の時期になって慌てても、手遅れということになりがちです。

　では、どのようにして情報を蓄積していくと良いのでしょうか。

　私は担任時代、子供1人につき1ページを割り振ったノートを教室に常備しておき、子供が授業での発表や係活動を頑張っているのを見たら、すぐに書き込むようにしていました。また、そのノートには子供が直接友だちの良いところを書き込んでも良いことにしていました。

　この場合は、「気が付いた時にその場で」というルールです。もちろんこれが基本なのですが、これだけでは忙しい日々のなかで、習慣化するのは難しいでしょう。そこで、給食を食べ終わったら午前中の分、子供たちが下校したら午後の分を書くなど、いつ書くの

かもルール化しておくと良いでしょう。

つまり、「気が付いた時＋決まった時間」というルールを設けることで、情報が集まる仕組みをつくっておくのです。

● 通知表をこつこつ仕上げる

通知表の提出期限が迫ってから、慌てて仕上げている人がいますが、それでは仕事に追われるだけです。

例えば、7月15日が提出日なら、その3日前である12日を締め切り日として設定します。30人のクラスならば、所見を1日に3人分書くとすると、10日前から始めることにします。つまり7月2日です。事前に材料があれば、3人分を書くのにたいした時間は必要ないでしょう。

このようにこつこつやると、負担感がありません。ストレスがかからないように仕事をすることが大切なのです。また、どうしてもその子にぴったりな文章が思い浮かばない時でも、早めに手を付けておけば、再度その子のことをよく見ていくこともできます。

教科の評価・評定も、前倒しした締め切り日に合わせて出します。そして、所見との整合性を見ていきます。本当の締め切り日の3日前なので、じっくりと修正することができます。

ワンポイント★アドバイス

あまり早くに締め切りを設定しても、学習進度が遅れていて成績を出せないことがありますが、評価・評定は一単元でそう大きく変わりません。できている段階での成績を出し、遅れていた単元の成績は後で出して比較すれば良いのです。

話のネタを常にストックしておく

いざという時に使えるように
平時の備えが大切

● お説教ではなく「語り」を

　子供はお説教が嫌いです。長い説教が始まると、「ああ、またか」と心を閉ざす子は結構います。私自身そういう子供でした。心を閉ざしていては、どんなに良いことを言われても当然心に響きません。
　一方で、教師の雑談、お話は好きな子が多いようです。雑談１つない教師はつまらないと言われ、人気がありません。ですから、雑談風の話が、実はお説教にもなっているというのが理想なのです。
　そのためには、理念を語るのではなく、具体的なエピソードを語るようにすると良いのです。
　例えば、「挨拶は大切ですよ」と言うのでは、理念を語っただけで、単なるお説教です。しかし、「先生が子供の頃の話です。４つ年下の弟は、近所ではとても良い子、元気のある子と評判でした。一方で先生は、元気がない、愛想のない子だと言われていました。はっきり言ってあまり評判は良くない子だったのです。どうして兄弟でそんなに差が付いたのでしょうか。実は先生の弟は近所の人を見かけると、いつも大きな声で挨拶をしていたのです……」とこのようなエピソードを語れば、自分たちも挨拶をしようという気になるでしょう。

● こうやって話のネタを集めておこう！

　エピソードを語るには、それなりにネタを集めておく必要があります。どのように集めると良いでしょうか。
　一番簡単なのは、そういう説話集のようなものが出版されているので、それを読むことです。ただし、それだけでは広がりに欠けるため、参考文献として挙げられている書籍などにも手を広げると良いでしょう。
　それから、伝記や成功したビジネスマンの自伝などにも、子供たちに伝えたいエピソードが満載です。例えば、中村文昭さんが書かれた『お金でなく、人のご縁ででっかく生きろ！』（サンマーク出版）には、頼まれた仕事をだれもが驚くようなスピードで達成するエピソードが出てきますが、その話を掃除や給食当番について指導する時によく使わせていただきました。
　メールマガジンもおすすめです。教育関係のブログにも、役立つエピソードが多くありますが、ブログの場合、自分でその情報を探さなければなりません。その点、メールマガジンであれば自動的に送られてくるので、いつの間にかチェックしなくなってしまったという事態が回避できます。

ワンポイント★アドバイス

自分が実際に体験したこと、見聞きしたことのほうが、より説得力が増します。ですから、日頃から、これはネタになるなという情報をメモする癖をつけておくことも大切です。

Lesson
4-7

行事準備&実施のポイント

学校行事で子供を伸ばし
子供の信頼を得る

● 行事への取り組みで子供の信頼を得る

　運動会や遠足、修学旅行など、子供は行事を楽しみにしています。その行事に対して教師がどのように働きかけるかで、子供の教師への信頼度が変わります。

　例えば、運動会の団体種目の練習をクラスで熱心に行い、その結果優勝すれば、子供たちの絆が深まります。そういう取り組みをしてくれた教師に感謝もするでしょう。

　一方で、行事に無関心で、何の手も打たない教師に対しては、子供たちは不満をもつでしょう。

　とはいっても忙しい毎日です。なかなか時間をとることは難しいでしょうから、効率的かつ効果的に行事を行うようにしたいものです。

　そこで、心がけたいのがPDCAサイクルです。

● PDCAサイクルを回す

　PDCAサイクルとはPlan（計画）→ Do（実行）→ Check（評価）→ Action（改善）を繰り返すことです。

　では、具体的にどのようにPDCAサイクルを進めていけば良いで

しょうか。

・**Plan（計画）**：初めに目的を明確にします。例えば、運動会の団体種目を通して、何を子供に身に付けさせたいのかを決めるのです。クラスの団結力を高めれば、自分たちで計画し、実行していく力などになるでしょう。次に、その目的を達成するための計画を立てます。練習方法や取り組みを子供の話し合いにゆだねるのか、ある程度教師がリードしていくのかなども考えておきます。

・**Do（実行）→Check（評価）**：計画にそって実行していっても、うまくいかない部分が出てきます。学校行事の場合、実施途中でのチェックが欠かせません。例えば、「子供に全面的に任せてきたが、どうもうまく運営できていない」「その理由はこうである」などと分析し、明確にします。

・**Action（改善）**：そこでリーダーに個別にアドバイスをおくる、もしくは教師が一度前面に出てリードするなど改善方法を考えます。ここで大切なのは、改善策は計画段階の目的を踏まえるということです。自分たちでやり遂げる力という目的ならば、教師が前面に出る改善案は採用すべきではありません。

　改善したら、再びチェック、そして必要に応じてさらに改善していきます。つまり、PDCACACA……となるのです。

ワンポイント★アドバイス

１つの行事が終了したら、その成果を踏まえ、次の行事のP（計画）を立てます。つまり最後のA（改善）が次のPにつながり、サイクルが回っていくことになるのです。

Lesson 4-8

子供が家でほめられる授業参観のポイント

保護者はどんなことを気にしているのか

● ほめられるのはだれ？

　授業参観をしっかりと行い、担任が保護者の信頼を得る機会とする。これはこれで大切な考え方です。しかしこのことしか意識しないと、授業参観でほめられるのは教師ということになり、「今度の担任は良い先生だ」で終わってしまいます。

　一方で、「子供がほめられる」ようにしようという意識をもっている場合はどうでしょうか。子供が活躍する場が用意され、「今年自分の子は頑張っている」と保護者は感じてくれることでしょう。

　子供がほめられるようにするには、まずはマイナス部分をなくしていくことが大切です。ほめようと思っても、マイナス部分が目に付くと保護者はついつい説教したくなるものなのです。例えば、我が家のことですが、授業参観に行ったら息子がとんでもなく姿勢が悪かったことがあります。もちろん、ほめるどころではありません。家に帰るとすぐに姿勢矯正の椅子を購入し、お説教をしてしまいました。他にも、机のなかやロッカーが雑然としている、掲示してある作品の字が汚い、間違いだらけである。こんなこともマイナス部分になります。

　ですから、前日にロッカーや机の整頓をさせたり、誤字脱字は直させたりしておくと良いでしょう。間違っても、赤字だらけの作品

を掲示してはいけません。その子に自分で修正させます。

こうして整頓させたり、字を直させたりする際は、「お家の人に頑張っているところを見せてほめてもらおう」と目的も話しておくと、授業参観後に保護者にほめられた時、「先生のおかげでほめられた」と感じて信頼を深めてくれるでしょう。

● 授業での活躍も仕組む

普段通りやれば良いのだと言う人もいますが、保護者がたくさんきている段階で、すでに普段通りではありません。教師だっていつもより力が入っているのです。ですから、子供たちにも精一杯頑張らせます。そして、短時間で良いので、全員が一度は発表するなど、活躍の場面もつくりましょう。例えば、国語で全員に一文ずつ音読をさせるとします。音読が得意な子は良いですが、苦手な子もいます。そういう子には、特にこの部分を練習しなさいと指示を出し、一緒に何度か読んでおきます。そして、授業参観ではその部分が当たるようにしておくのです。その際の注意点は、さりげなくやることです。露骨にやっては、その子が傷ついてしまうかもしれません。

ワンポイント★アドバイス

保護者会で、今日の子供たちの頑張りを具体的に振り返り、「必ず家でそのことをほめる」ように依頼しましょう。担任からの依頼があれば、保護者も家でほめやすくなります。

COLUMN Ⅳ

仕事術プラスα 紙ばさみ活用術

　100円ショップなどで売っているA4判の紙ばさみを活用すると、効率的に仕事ができます。安価なのでたくさん買って常備しておきましょう。

●**出張の案内文書をはさむ**：出張の案内文には、会場図や日程などが詳しく載っています。それらをすべて手帳に転記することはできません。しかし、いざ出張という時に、その案内文をあたふたと探している人が結構います。紙ばさみにはさんでおけばすぐに取り出せます。また、その紙ばさみごと鞄に入れて持って行けば、メモをする際の下敷き代わりにもなります。

●**提出物の指示文書をはさむ**：出張の案内文書と同じように、こちらもなくしがちです。しかし、紙ばさみにはさんでおけば、どこにあるのかわかりやすくなるうえ、仕上がったものを管理職などに回覧する際も、そのまま出すことができます。

●**すき間時間にやりたい仕事をはさむ**：すき間時間にさっとやるためには、紙ばさみにやりたい仕事をはさんでおくと便利です。下敷き代わりになるので、ちょっとメモをしたい時などにも対応できます。ボールペンも一緒にはさんでおくとより効率的です。

●**校外学習で使う**：校外学習でも紙ばさみは活躍してくれます。しおりはもちろん、必要な書類もひとまとめにはさんでおきます。しおりに気付いたことを書き込んでいく際にも、下敷き代わりになって便利です。

Lesson 5

できる教師はコミュニケーション上手!
保護者&同僚対応術

ここでは、保護者や同僚と円滑に付き合うための実践を紹介しています。人付き合いのトラブルがあると、そこに膨大な時間とエネルギーを費やすことになってしまいます。日常の心がけ次第で、トラブルは未然に防ぐことができます。

Lesson5…実践者の声

様々な人間関係が良好になってきました！

（男性教諭／教師歴7年目）

　このレッスンを実施することで、人間関係の大切さを改めて実感することができました。

　以前、体育主任をやった時に、提案時間が長いと指導を受けたことがあったのですが、それは、様々な方の様々な意見が出て、話し合いがまとまらなかったことによるものです。そこで、反対の意見が出ないように、事前に相談をするようにしていったのですが、その際、根回しの大切さを知りました。

　この本の様々なレッスンの実践を通して、根回しに限らず、何かを行う前の人間関係づくりにポイントがあることが改めて理解できました。また、相手をどう変えるのかと考えがちでしたが、まずは自分を変えることの必要性に気付かされました。実際、そのほうが簡単であるし、それによって相手も変えることができることを学んだのです。

　まだ年齢的に保護者よりも年下であることが多いため、対応に悩んだり苦労したりすることもありますが、今後も積極的に保護者と関わっていきたいと思います。

Lesson5-2　保護者対応の基本は共感的理解

　「子供の落とし物や忘れ物が多くて困っている」と保護者から相談を受けました。私もそのことは以前から気になっていたのですが、どう手を打つべきかと悩んでいたのです。忘れ物をしたことを叱るのではなく、次の日にどうすれば持ってくることができるかを、子供と一緒になって考え、連絡帳にメモするということを続けていたのですが、あまり改善はされていませんでした。レッスンを実践し、保護者から相談をされた時に、一方的にどうしてほしいと言うのではなく、「一緒に取り組んでいきたい」と話し、保護者とともに改善策をいくつか考え、実践中です。
　「互いに協力して、子供のことを見守っていきましょう」という姿勢を示すことで、保護者からの協力が得られ、その子の忘れ物も次第に減ってきています。

Lesson5-3　平時こそ保護者と関わる

　連絡帳に子供の良いところを書いて、保護者に伝えることを、「毎日3人以上に行う」と決めて実践するようになりました。ささいなことなのですが、保護者は非常に喜んでくれています。例えば、「昼休みに野球で遊んでいること」「体育の時間に登り棒で一番上まで登れたこと」「国語の視写絵本作りでよく頑張っていたこと」など毎日の頑張りをほめています。
　ある日、給食準備時間に廊下を拭いている女の子がいました。「えらいね。でも、どうしたの？」と聞くと、隣で手を洗っていた男の子が、水を出しすぎてしまい、廊下を濡らしてしまったとのこと。それを見て、自ら進んで廊下を拭いているのだというのです。そこで、そのことをさっそく連絡帳で保護者に知らせました。次の日の連絡帳には、いつも学校のことをあまり話してくれないので、大変嬉しかったということや、自分から進んで手伝える優しい子に育っていることが嬉しいと書いてありました。1〜2分で終わる連絡帳へのコメントがこんなに保護者に喜ばれるとは思わず、私自身も嬉しくなり、また、励まされました。

Lesson 5-1

保護者対応の秘訣は先手必勝

保護者より
１秒でも先に動こう！

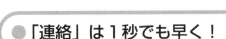

● 「連絡」は１秒でも早く！

　学校でトラブルが起きた時、保護者にどのように連絡しているでしょうか。子供に指導し、そのことを子供自身に保護者へ伝えさせる教師がいますが、軽微な場合以外は、そのようなやり方は避けたほうが無難です。

　子供は自分の都合の良いように話をしますし、今の保護者は子供の言い分をそのまま信じる傾向があるからです。そのため、

　「なぜ、うちの子が叱られなければならないのか？」

といった苦情の電話が学校にかかってくることがあります。そうなると、誤解を解くのはかなり大変です。何を言っても、言い訳をしていると捉えられてしまいかねません。人は最初に入った情報を信じる傾向があるからです。

　一方でこちらから先に話を伝え、「お子さんにも聞いてください」と伝えれば、そう大きく話が食い違うことがありません。子供だって、「先生からの電話で〇〇と聞いたよ」と言われれば、自分に都合の良い話ばかりはできなくなります。

　また、怪我をした時の連絡にも素早い対応が必要です。「早めにひと言伝えてくれたら、すぐ病院に連れて行けたのに」という電話をもらったことがあります。子供が家に帰ってすぐに保護者に話を

するとは限らないのです。夜になって子供から話を聞いたその保護者は、担任への不信感を抱いたに違いありません。ですから、1秒でも早く、こちらから連絡するように心がけましょう。

●すぐに動く！

　軽微な場合は電話での対応でも構いませんが、フットワーク良く家庭訪問をするようになると、保護者との距離はぐっと縮まります。基本としては、連絡帳よりは電話、電話よりは家庭訪問なのです。
　やはりコミュニケーションで一番大切なことは、相手の顔を見ることであり、そうすればいろいろなことがわかり合えるのです。
　特にこちらに不手際があった場合は、必ず家庭訪問をしましょう。そのほうが相手に誠意が伝わります。この時も、保護者から苦情が来る前に訪問することがポイントです。
　子供への指導に関し、保護者へのお願いがある場合も家庭訪問をしましょう。その際は、自分ばかり話しすぎないことが大切です。こちらの考えを一方的に押しつけるのではなく、まずは保護者の悩みをじっくりと聞きましょう。

ワンポイント★アドバイス

連絡をしたくても、夜にならないと帰宅しない保護者もいます。そんな場合には、着信履歴だけでも残すようにしておきましょう。先に連絡があったという証があれば、心証はぐっと良くなります。

Lesson 5-2

保護者対応の基本は共感的理解

教師と保護者
どちらがより悩んでいるのか

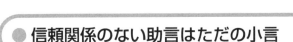

● 信頼関係のない助言はただの小言

　お恥ずかしい話ですが、私が中学１年生の頃のことです。担任から毎日のように家に電話がかかってきていました。その内容は、
　「授業中、うるさくて迷惑をかけている」
　「忘れ物が多い」
　「禁止されているものを持ってきている」
といったものでした。確かに私にも思い当たる節がありますし、私の母親も教師からの電話に対して頭を下げ続けていました。
　しかし、あまりにもそうしたことが続いたので、やがて、「あの先生の小言は聞き飽きた」としか言わなくなりました。信頼関係がない教師から、連日子供の良くない点を指摘されたのですから、保護者としてもたまったものではなかったのでしょう。
　ここまでしつこい教師はさすがに今はいないと思いますが、昔話と笑ってばかりもいられません。学校に相談にきた保護者から、
　「今度の担任は、うちの子の悪いところしか言わない」
という話を聞くことも度々あるからです。そういう保護者には、どんなに立派なことを言っても、「小言」としかとらえられないのではないでしょうか。

● 共感的に理解する

　保護者の信頼を生む第一歩は、どんな子でも保護者にとってはかわいい我が子なのだということを共感的に理解することです。特に大切なのが、保護者の大変さに寄り添うということです。たいていの保護者は悩みながら子育てをしています。それを理解しましょう。例えば、遅刻ばかりしてくる子供がいるとします。そういう子の保護者に対して、「遅刻が多いので、早寝早起きをさせてください」と話すのは、あまりにも教師目線なのです。子供が早く起きて、遅刻せずに学校に行くほうが良いなどということは、保護者も教師に言われるまでもなくわかっています。それでも、子供が言うことを聞かなかったり、生活が精一杯で保護者自身が寝坊をしてしまったりして、その結果として、子供が遅刻をしてしまうということなのです。

　ですから、「お母さんもいろいろ大変でしょうが、何とか遅刻しないような方法はないでしょうか。学校でできることがあれば精一杯協力しますから……」というように保護者の心情に寄り添って話すのです。そうすれば、保護者も心を開いてくれるでしょう。

ワンポイント★アドバイス

保護者は敵ではなく同じ子供を育てる同志であり、また、その子と一生付き合っていくのは保護者なのだという認識をもって、保護者対応をしていきましょう。そうした気持ちは必ず伝わるはずです。

Lesson 5-3

平時こそ保護者と関わる

学校からの連絡は
悪い知らせばかり……

● 「連絡」するのはどんな時？

　保護者に連絡帳や電話で連絡するのは、どんな時でしょうか。
　まず考えられるのは、怪我や病気で学校を休んだり、早退したりする時です。次に、加害の場合も被害の場合もありますが、友だち関係でのトラブルが起きた時です。また、非行行為などで連絡することもあるかもしれません。
　いずれにせよ、どの連絡も保護者にとっては、あまりありがたい内容ではありません。もちろん、必要な連絡を漏らしてはいけませんが、それにしても「先生からの連絡」にはマイナスイメージのある保護者が多いはずです。
　そうなると、教師自身と悪いイメージが結びついてしまうことにもつながるのです。

● 何もない、平時の時こそ連絡しよう

　こうしたマイナスイメージを払拭するには、プラスの内容を伝えるように心がける必要があります。
　まずは毎日1人ずつ、その子が頑張っていることを連絡帳で保護者に知らせていきましょう。それを1年間続ければ、最低でも5回

は良いことを伝えられます。

　また、頑張っていた時は電話してみるのも良いでしょう。特に普段は叱られて子供のマイナス面ばかり伝えることが多い保護者には、積極的にプラス面を伝えていきましょう。マイナスが大きい分、プラス面を積極的に伝え、プラスマイナスゼロにするのです。

　さらにゼロからプラスにするには、家庭訪問をしてみるのも効果的です。

　「今日はどうしてもお母さんに、Aくんの頑張りを伝えたくて訪問しました。実はAくんが今日……」

　こんな風に教師がわざわざ家まで来て子供の良いところを伝えれば、保護者は教師自身にも良いイメージをもつはずです。それにより、その後トラブルが起きた時にも話がスムーズに進む可能性が高まります。

　とはいえ、忙しい毎日です。なかなか全員に実施するのは難しいかもしれません。そうした場合は、プラス面を伝えることが多い児童については普段からプラスの関係ですので、さほど気を遣わなくても良いでしょう。

　保護者は自分の子供のことを良く言ってくれる教師には好感をもつものです。平時のこうした関係づくりが大切なのです。

ワンポイント★アドバイス

家庭環境や保護者によっては、家庭訪問を嫌がる場合もあります。そうした家庭の場合は、手紙を送るという方法もあります。連絡帳でも済むのですが、わざわざ手紙を送るというひと手間が信頼を生むのです。

Lesson 5-4

挨拶は自分から

子供に指導するわりに
教師ができていない

● 挨拶をしていますか？

　学校評議員会や地域のボランティアさんとの話し合いのなかで、
「子供たちの指導をするのは大切だが、教師自身が挨拶できていないように感じる」
というご意見をいただくことがあります。しかも複数の学校で、何度か同様の話を聞きました。

　このことを他県の教頭との集まりで話すと、他の教頭たちも同じような経験があるとのことでした。つまり、「先生たちは挨拶ができていない」と感じる人は結構いるようです。

　しかしそう伝えると、ほとんどの教師は、
「自分は挨拶している」
と答えることでしょう。

　教師というのは子供相手なので、大人との付き合いがあまりうまくないのかなと感じます。おそらく保護者や地域の人へも、子供にするように挨拶しているのではないでしょうか。

　まずは、職場の先生方に、自分から、元気良く丁寧に挨拶するように心がけましょう。相手の顔を見て、はっきりと「おはようございます」「こんにちは」「お疲れ様です」など、挨拶を極めるつもりで、とことん積極的に取り組みましょう。

それだけで、職場でのあなたへの評価はプラスになり、人間関係がスムーズに進むでしょう。

● お礼も挨拶のうち

　飲み会などがあった翌日、
「昨日はありがとうございました」
と挨拶にくる若手がいます。
　そういう若手には好印象をもちます。特に、私が何かお世話をしたわけではありません。おそらく、楽しいひとときをありがとうございましたという気遣いなのでしょう。
　何も上司に媚びろと言っているのではありません。こうした気遣いができる教師は、間違いなく人間関係が良好だということです。
　一方で、校長が寸志を出してくれたのに一切何も言わない教師もいます。校長にご馳走になったら、翌日、校長が出勤したらすぐに、
「昨日はありがとうございました。ご馳走様でした」
と言うのが常識です。そういう常識に欠けると、信頼を失っていきます。

ワンポイント★アドバイス

校内で研修会をした翌日、「昨日は国語のご指導ありがとうございました。今日、早速やってみます」とすかさず挨拶にきた若手がいます。こういう人には、もっといろいろ教えていこうと思いました。挨拶ひとつで印象は随分変わるものです。

Lesson 5-5

根回しを忘れない

根回しは決して
悪いことではありません

● 根回しは悪いこと!?

　根回しというと、「卑怯なこと」「裏でこそこそやること」というマイナスイメージをもっている人が多いようです。また、「前向きな提案」には根回しは不要であると思っている人もいます。

　しかし、前向きな、正しい提案がいつでも受け入れられるとは限りません。特に教師の世界は変化を嫌う、保守的な傾向が強いものです。何かを変えようと思ったら、それがどんなに前向きな提案であっても、事前の根回しは欠かせません。

　根回しがないと、「前例がない」「心配な点が多い」などと影響力の大きい教師に反対されたり、「聞いていない」と管理職に言われたりしかねません。

　根回しのことを英語では、「lay the groundwork」といいます。lay は「構築する」、the groundwork は「基礎・土台」のこと。つまり、「土台を構築する」ということです。こう表現してみると、大切なことだと思えませんか。

　自分の提案を通す土台作りのために、積極的に根回しをしていきましょう。

根回しの戦略

　根回しの大切さはわかっていただけたと思いますが、だれかれ構わずに相談をすれば良いわけではありません。

　まずは職場での影響力があり、自分が通したい提案に賛成してくれそうな教師に話をしましょう。それから、いかにも反対しそうなうるさ型の教師に相談をします。その際は、

　「この件についてＡ先生と相談し、協力していただけるとおっしゃっていただきました。ぜひともＢ先生のご意見も伺わせていただきたいのですが」

と賛同者がいることを伝えつつ、相談しましょう。それでも、こういう教師は反対意見を言うことが多いはずです。その場合、

　「どうしても提案を通したいのですが、そのためにどうしたら良いでしょうか」

と切り返しましょう。そして、その教師の意見を多少取り入れたかたちで提案するとスムーズにいきます。自分の関わった案には、反対しにくいからです。ここまでやったら、あとは管理職に、「Ａ先生やＢ先生に相談した結果、賛同をいただけました。このような提案をしたいのですがどうでしょうか」と相談をすれば良いのです。

ワンポイント★アドバイス

ここでは大きな変更を提案する場合をイメージした対応策を書きましたが、もっと簡単な案件ならば、直接校長先生に相談しておけば良いでしょう。法的に決定権があるのは校長先生だけです。そういうことも頭の片隅に入れておきましょう。

Lesson 5-6

苦手な人との付き合い方

仕事では苦手な人とも付き合わねばならない

● 積極的に関わる

　だれにでも苦手な人はいるものです。プライベートならば、そういう人とは付き合わなければ済みます。しかし、職場の同僚であればそういうわけにもいきません。同じ学年を担当することもあるでしょうし、上司かもしれません。

　そういう人とはつい距離を置きがちですが、そうなると苦手意識は一向になくなりません。

　単純接触効果といって、人は接触回数が多ければ多いほど好感をもちます。このことを生かし、苦手な人にこそ積極的に関わるようにしましょう。とはいえ、苦手な人であるだけに共通の話題で盛り上がることもできず、逆に嫌みなことを言われて余計に嫌いになるということがあるかもしれません。

　そこでおすすめなのが、とにかくたくさん声をかけるということです。一番簡単な声かけは挨拶です。朝はもちろん、昼に廊下ですれ違った時にも、「こんにちは！」「お疲れ様です！」と笑顔で挨拶しましょう。

　その際、できればその先生の名前も入れて呼びましょう。

　「○○先生、おはようございます」

　こんな風に挨拶を続けると、次第に苦手意識がなくなっていくは

ずですし、相手もあなたに好感をもつでしょう。

挨拶に慣れてきたら、「今日も暑いですね！」「もうすぐ夏休みですね！」などと会話に発展しそうな声かけにも挑戦しましょう。

● 相手は変えられないが、自分は変えられる

精神科医であるエリック・バーンの名言に、「他人と過去は変えられない。しかし、自分と未来は変えられる」というものがあります。

あの短気なところを直してほしいなと願っても、それで相手が変わるはずもありません。ましてや直接そのことを伝えれば、関係は余計に悪化します。相手を変えることは本当に難しいのです。

しかし、自分が相手の見方を変えることはできます。

子供の良い部分を発見するためにリフレーミングという手法を使いますが、それを苦手な人に応用してみるのも良いでしょう。

例えば、「短気」をリフレーミングすれば「決断が早い」になります。「口うるさい」は「よく気が付く」になります。

そして、「あの人は決断が早いなあ」とリフレーミングした言葉を心の中で繰り返すと、次第にそう思えてくるものです。

ワンポイント★アドバイス

相手に好意をもつと、相手も自分に対して好意をもってくれる可能性が高まります。これを「好意の返報性」といいます。苦手な相手というのは相手もあなたが苦手な場合が多いのです。まずは好意をもっている振りから始めても良いでしょう。

Lesson 5-7

司会者に学ぶ

良好な人間関係づくりに必須な
会話術を学ぶ

● 会話上手は人間関係上手

　良好な人間関係づくりの中核は、何といっても相手との会話です。話が弾めば、その人との距離が縮んでいきます。会話が上手だと、いろいろな人と仲良くなれるものです。

　会話とは単に自分が一方的におしゃべりすることではありません。相手の話を引き出したり、話題を提供したりできる力が必要です。

　自分にはとてもそうした力はないと思っている人も多いことでしょう。ですが、初めから会話の上手な人ばかりではありません。工夫次第で会話能力は向上します。

　まずは手始めとして、テレビで見かける有名司会者から、会話術を学ぶことをおすすめします。

● 見方を変える

　例えば、司会者といってすぐに思い浮かぶのは、私の場合は明石家さんまさんです。さんまさんの番組を見ていると、いろいろな人に話を振っていくのがうまいなと思います。職員室だけではなく、教室での会話にも生かせそうです。

また、大げさに驚いたり笑ったりして、話を盛り上げていくことも上手です。独特の笑い声と、机などをバンバンたたくオーバーアクションに、相手もついつい話に乗ってきてしまいます。いつの間にか、相手が面白いことをどんどんしゃべっている場面をよく見かけます。

　１対１の会話で参考にしたいのは、タモリさんです。残念ながら「笑っていいとも」は終了してしまいましたが、テレビを見ていると何気ない雑談がうまいですよね。これは話題選びが上手なためだそうです。相手の変化したこと（髪型・体型など）や、楽しみにしていること（休日の過ごし方・好きな食べ物など）から会話を広げていくからだとか。

　会話術だけではなく、表情や服装も合わせてチェックしましょう。さんまさんやタモリさんは、実に楽しそうな表情で話を聴いています。やはり笑顔の人には話をしやすいものなのです。

　また、できれば身だしなみにも気を遣いましょう。華美な服装は不要ですが、身だしなみによって印象が変化することも、司会者から学んでみることをおすすめします。

ワンポイント★アドバイス

話のプロといえば、落語家も外せません。描写力や間の取り方などを学ぶことができます。機会があれば、ぜひ寄席に行って、ライブで話を聴くことをおすすめします。テレビで見るよりも多くの学びがあります。

報告・連絡・相談を欠かさない

一人で抱え込まず
報・連・相でスムーズに!

● 手遅れになる前に

　教頭として職場の教師たちから様々なトラブルの相談や報告を受けます。その際に一番困るのが、かなり事態が深刻化している場合です。
　「もっと早く相談してくれたら、より良い対処ができたのに」というようなケースがわりと多いのです。
　火事では防火の次に大切なのが初期消火です。火が小さなうちは比較的簡単に消すことができます。しかし、そのまま放置したり対処法を間違ったりすると、火はどんどん大きくなります。
　生徒指導上の問題や保護者とのトラブルなども、火事と同じで早め早めに対処したいものです。そのために欠かせないのが、「報告・連絡・相談」、いわゆる「報・連・相」です。
　ただし、気を付けなければならないのは、語呂合わせのために、「報告」が最初にきていますが、実際には最初に行うべきは、「相談」だということです。「報告」というのは、何かを決定し、対処してから行われます。それだと対処法が間違っていた場合、すでに手遅れということになります。
　まずは、「相談」し、その後「連絡」を取り合いながら、対処していくことが大切です。そして、その結果を「報告」するのです。

つまり、「相・連・報」を心がけましょう。

●「報・連・相」は的確に

　相談や報告を受けて困ることがもう１つあります。それは、その事態の捉え方が曖昧なことが多いということです。例えば、「うちのクラスの子が体育の時に頭を打って、今保健室にいます」という報告だと、どんな対応をすべきかわかりません。まずは、「結論」から伝えましょう。

- 救急車を要請したい
- 保護者に迎えを頼みたい
- しばらく休ませたい

　こうしたことを伝えます。また、いわゆる５Ｗ１Ｈ、「いつ」「どこで」「どのように」怪我したのかなども伝えるとわかりやすくなります。

　なお、ここまではトラブルに絡んだ「報・連・相」について述べましたが、校務分掌や学級運営に関する前向きな取り組みにおいても同様です。特に主任や管理職にまずは「相談」するという姿勢を身に付けましょう。

ワンポイント★アドバイス

悪いことばかりではなく、成果が上がったことや子供の変化など、良いことの「報告」も心がけましょう。良いことの報告が多くなれば、職場も活気付くことでしょう。

COLUMN V

仕事術プラスα 複数用意して時間の節約

　私が教務主任をやっていた時の話です。毎週、A4判1枚の週予定を作成し、教職員に配付していました。

　そこには、予定だけではなく、提出物や子供への指導事項なども書いてありました。しかし、なかなか提出物を出さない教師がいました。週予定のプリントで確認するように言うと、教室にあるのであとで見ておきますとのこと。しかし、一向に提出物は出ません。そんなことが数回あったので、その教師には週予定を3枚配ることにしました。1枚はいつも使用しているノートに貼り、もう1枚は教室の机に、さらにもう1枚は職員室の机に貼ってもらう用です。すると、その教師が予定を忘れる確率はぐっと減りました。この時、ものを複数用意することで、何度もチェックできたり、探したりする手間が省けると実感したのです。

●**週予定、月予定、年間予定**：職員室にはもちろん、教室や自宅にも常備しておくと便利です。

●**教科書**：教材研究で自宅に持って帰ったまま忘れてしまうことや、自宅でチェックしようと思ったら持ち帰っていなかったなどの経験はありませんか。教科書は安いので、2冊買っておくと便利です。教室用には学校で用意してある物を使い、職員室用と自宅用として常備しておきましょう。

●**教育書**：これはという教育書も複数用意しておき、いつでも読み返せるようにしておきましょう。同じ本を教室と職員室はもちろんのこと、自宅の寝室とトイレに常備しているという話を聞いたことがあります。そこまで読み込めば、内容理解はもちろん、きっと著者も本望でしょう。

Q&A

実践者の疑問に答えます！

Lesson 1~5

Lesson 1

> **Q** 「すぐにやる」ことの大切さはわかりますが、やろうと思った矢先に別の用件が入ったり、仕事を頼まれたりして、なかなか思うようになりません。そんな時はどう対応したら良いでしょうか？

A 確かに、何かやろうとしている時に限って、別件が入ることもありますね。私も、何本もの電話が立て続けにかかってきて、処理が追いつかなくなることがあります。そういう時はとにかく大きめの付箋紙にやるべきことをどんどん書いていきます。そして、目の前のことからひたすらに処理していきます。本書にも書きましたが、ざっくりとでも手をつけておけば、その後の処理が楽になります。

紙の断捨離術ですが、「これは不要」という決断がなかなかできません。どれもいつか必要になるのではないかと思ってしまって捨てられません。

 いつか必要になるかもしれない紙をどう捨てるかですが、だれかが持っているもの、データがあるものは思い切って捨ててしまうと良いでしょう。例えば、行事の資料などはたいていだれかが持っていますし、データで保存してある場合も多いでしょう。コピーさせてもらうか、プリントアウトすれば支障がないのです。そういう割り切りも大切です。

 全力を尽くすべき仕事と80％程度で良い仕事との区別がつきません。どのように見極めれば良いでしょうか？

 根本・本質・原点を常に意識していきましょう。例えば、作文を書かせる目的は何でしょうか。簡単にいえば、子供の文章を書く能力を高めることですね。ですから、大切なのはその能力が伸ばせたかどうかです。それなのに、赤ペンでコメントを書くことにかなりの時間をかけている教師がいます。子供の作文能力は赤ペンを入れても、さほど向上しません。しかし、子供の作文を真っ赤にすることで満足してしまっているのです。その仕事が、本質的なものなのか、本当に目的のための活動なのかを吟味しましょう。そして、根本・本質に関わることなら全力で、そうでないなら80％程度（場合によっては50％程度）でと区別していきましょう。

Lesson 2

Q 「1人がんばるタイム」を実践しようと思っても、教室に同僚がやってきたり、電話がかかってきたりして思うようにできません。朝は、自分の子供の世話で学校に早く来ることができません。他に方法はないでしょうか？

A 教師間の仲が良い職場ほど、教室にこもることが難しくなるでしょうね。露骨に教室に来るのを拒否するのも人間関係を考えると避けたいものです。私にもそういう経験があります。そんな時、私は、コンピュータ室や図書室など、放課後人が来ない場所で仕事をするようにしていました。また、「1人がんばるタイム」を学校外で行うというのも1つの方法です。例えば、16時30分になったら退勤し、帰宅途中のコーヒーショップなどに立ち寄ります。そこで、1時間程度の「1人がんばるタイム」を実施するのです。個人情報は持ち出せないので、できる仕事には限りがありますが、気分が変わり、かえって集中できるものです。

仕事以外の時間の効率化が大切なのはわかりますが、家に帰ってからも慌ただしく過ごして疲れてしまいそうです。

確かに、全力で仕事をして、家に帰ってからも効率ばかりを考えていると疲れてしまいますね。要はメリハリの問題で、もちろんリラックスする時間も必要です。私の場合、テレビは録画で見るようにして、余計な番組は見ないようにしますが、本はゆっくりと読みます。本を読みながらいつの間にか眠っている。それが至福の時です。家での時間も効率的にできるところは効率的に、ゆったりするところはゆったりと。それを計画的に行うことが大切です。

 どうしても朝型にチェンジできません。頑張っても早起きができないのですが。

本書でも書いたように朝型が理想的だと思いますが、人には向き不向きがあります。どうしても夜のほうが効率が良い場合は、夜型を極めてしまうのも1つの方法です。無理をしてストレスをためるくらいならば、そちらのほうがかえって効率が上がるでしょう。夜の場合は、朝と違って強制的な締め切り効果は使えませんので、終わりを厳守することが大切です。また、寝る直前までパソコンやタブレットを使っていると、ブルーライトの影響などで眠りが浅くなります。パソコンを使う仕事から始めて、次第にパソコンを使わない単純作業にしていくなどの工夫をしましょう。

Lesson 3

 「保護者や子供に教えを請う」のは勇気のいることで、なかなかアンケートを実行することができません。何か良い方法はありませんか？

教師も人間ですから、あまりにもきついことを書かれたら嫌ですよね。そういう思いをもつだけでも、効果があったといえます。なぜなら、子供は常に教師からそうした評価を受けるというプレッシャーを感じているからです。子供の身になって考えることも大切です。私の場合は、「傷付きやすいので優しい言葉で書いてほしい」と子供たちにお願いしました。例えば、「つまらない」ではなく「楽しくはなかった」などプラスの言葉を否定するような言い方にするとソフトになると教えました。もちろん、それを受け入れてくれるかは、教師が子供に普段どんな言い方をしているかにもよります。

 教科によっては、メンターを見つけることが難しいのですが、そのような場合、どうしたら良いでしょうか？

学校規模によっては、メンターを校内で見つけることが難しい場合もあるでしょうね。また、若い人は人脈も広くないでしょうから、分野によっては知り合いがいないということもあるでしょう。そんな場合は、本の著者だって良いと思います。この

人と決めたら、その人の著書をどんどん読んでいきましょう。また、セミナーなどに参加してみるのも良いです。私の場合は、社会科の有田和正先生はまさに本を通してのメンターです。1対1でじっくりと話をしたことはありませんが（講演会でサインしてもらったことはあります）、社会科についてはほぼすべてを有田先生から学んだと思っています。

[**Q** 書店に行ってみる大切さはわかりましたが、他に書店の活用法はないでしょうか？]

本書では紹介しませんでしたが、新書コーナーもぜひチェックしましょう。専門家がわかりやすく書いた新書は知の宝庫。授業づくりのヒントになったり、教育観を磨いたりするのに役立ちます。

　また、古書店も大いに活用しましょう。古書店街にある店舗に行けば、絶版となった名著を発見できることもあります。もっとも、私が一番活用するのは、大手チェーンの古書店です。時々顔を出すと、教育書などが大量に入っていることがあり、なかには絶版となっているものもあります。ですから、私は旅行に行った時などに古書店があると、短時間でも覗いてみるようにしています。

Lesson 4

 国語では漢字学習を計画的に進めておくことが、授業進度が遅れた時に回復できるかどうかのポイントになるということでしたが、漢字がなかなか予定通りに指導できていません。漢字を遅れず指導する方法はありませんか?

A 漢字を最初の3か月程度で1年分前倒しして教えてしまうという方法もあります。私が実践していたのは、漢字を子供たち自身に指導させるという方法です。1年分の漢字を子供に割り振ります。子供は割り振りがあった字の書き順や読み方、使い方を調べ、それをクラスで発表します。毎回の授業の初めは子供による漢字教室です。このやり方だと、自動的に子供が主体となって漢字学習が進んでいきますので、進度が遅れるということがありません。

 通知表の所見は具体的なほうが良いということですが、具体的に書くコツがあったら教えてほしいです。

A 具体的な表現のためには、その場面が目に浮かぶように心がけると良いでしょう。例えば、「しっかり発表しました」では、どんな風に発表したのかがわかりません。「大きく、はっきりした声で発表しました」だとどうでしょう。つまり、「しっかり」「上手に」などの言葉を分解して、その内容を詳しく書いていくと

具体的になります。また、まわりの反応を書くことも効果的です。「音読を聞いてみんなから自然と拍手が起きました」などと書いてあると、上手に読めたことが伝わりますね。数を意識することも有効です。「二重跳びが跳べた」よりも、「二重跳びが10回跳べた」のほうが具体的です。メモする時はこうしたことも意識しておくと良いでしょう。

> **Q** 良い話を聞いたなと思ってメモをしても、それがどこかにいってしまったり、メモ帳自体を持っていなくて記録できなかったりということが多いのですが、何か解決法はないでしょうか？

 　私も結構メモをなくしてしまうタイプです。そこである時から、使用可能な状況ならばスマートフォンで自分宛にメールを送るようにしました。本文に、聞いた話の概要を書き、自分にメールしておけば、いつでも読み返せます。また、紙にメモした場合は、それを写真にとっておきます。写真を拡大すれば、メモした字も楽に読めます。こうすれば、メモ問題はおおむね解決します。

　あとは少々マニアックになってしまいますが、写真やメールをEvernoteというクラウド上のストレージに保存しています。そうしておけば、パソコンからでもそれらのデータを見ることができます。

Lesson 5

> **Q** 保護者対応の基本は、共感的理解だということはわかりましたが、保護者は年上なので、「お母さんも大変ですね」といった言い方ではかえって反発を招きそうです。

A 確かに、保護者が年上だと、そういう言い方はしにくいでしょうね。私も若い頃に、「先生には子供がいないからわからないかもしれないけど」と言われたことがあります。そういう時は、「私の母が言っていたのですが……」と自分の親を引き合いに出すようにしていました。質問の例で言えば、「私の母が、母親というのはとても大変なのだと言っていました」というように話を進めれば、反発を招くこともないでしょう。また、共感的理解というのは、一緒の立場になって考えるということです。ともに頑張りましょうという姿勢を見せれば、反発されることはありません。

> **Q** 根回しが大切だということで、いろいろな人に根回しをしていったら、様々な意見が出て、収拾がつかなくなりました。どこがいけなかったのでしょうか？

A あまり多くの人に根回しをすると、質問の例のように収拾がつかなくなります。キーパーソンに限定して根回しをしたほうが良いでしょう。また、難しい相手には、それなりのテクニ

ックを駆使して根回しをすると良いでしょう。私がおすすめするのは、心理学でいう「フット・イン・ザ・ドア」と「ドア・イン・ザ・フェイス」というテクニックです。前者は、小さなお願いから始めて、次第に要求を大きくしていく方法です。初めに5千円借りたら、次に1万円借ります。すると、次に5万円要求した時に貸してくれる確率が上がります。一度頼みを聞くと断りにくくなるのです。後者はあらかじめ大きな要求をし、断られたら譲歩していくという方法です。すると、二度は拒否しにくいので、意見が通りやすくなるのです。とても通りそうもない大きな変化を提案し、その後、自分の本当にやりたいことを提案すると良いでしょう。

Q 何かというと相談ばかりして、うるさがられているような気もします。かといって、なぜ相談しなかったと後で言われるのも困ります。どうしたら良いでしょうか？

管理職への報告や相談は、あなた自身を守ることになるのです。例えば、学級でトラブルがあったことを管理職に相談しておけば、それを聞いた管理職も責任を分担することになります。相談・報告がなければ「聞いていない」となってしまうかもしれませんが、ひと言伝えておけば、「知らなかった」では済まされません。ですから、管理職がうるさがろうと気にせず、気になることはどんどん相談したり、報告したりすると良いでしょう。

あとがき

　師である野口芳宏先生（植草学園大学名誉教授）は、「絶縁能力」が大切だとおっしゃいます。1つのことを成そうと思ったら、それと関係のないことは極力絶縁していく。人の時間は限られているので、そういう割り切りが大切だということです。
　多忙化解消のヒントは、そのひと言に尽きるといえます。
　また、野口先生は日頃より、消火よりも防火が大切であるという話をされます。「忙しいので、何とかそれを解消しよう」というのは消火的発想です。
　本書では、消火に留まらず、防火についても多くの紙面を費やしています。ここでいう防火とは、例えば教師としての腕を上げること、子供や保護者、同僚との関係を良好なものにしておくことなどです。力量不足や人間関係のトラブルが、多忙化の一因となっているからです。
　また、仕事術は、その人だからできるという場合も多々あります。そこで、だれでもできるのかを確かめるために、若い先生方をはじめ多くの皆さんに、本書の内容を実践していただき、それをもとに加筆、修正を加えました。協力してくださった皆さん、ありがとうございました。
　特に各レッスンを教室で実践し、詳細なレポートを提出してくださった、石渡弘晃先生、井上佑季子先生、金山美羽先生、辻雄一朗先生、平野桜子先生には重ねて御礼申し上げます。

　学陽書房の根津佳奈子さんには、本書の企画段階から執筆に至るまで、多くの貴重なアドバイスをいただきました。根津さんにお声

がけいただかなければ、本書を出版することはできませんでした。本当にありがとうございました。また、イラストレーターの岩田雅美さんにも大変お世話になりました。お陰さまで、とても素敵な紙面となりました。

　OECD国際教員指導環境調査（TALIS、2013年調査）において、「もう一度仕事を選べるとしたら、また教師になりたい」と答えた日本の教師は約58％しかいなかったという結果が出ています。これは、34の参加国・地域の中で下から2番目の低い割合だったそうです。その原因は多忙化ばかりではないでしょうが、一因ではあることは間違いありません。教師は子供を伸ばし育てる、実に素晴らしい仕事だと思います。本書が、もっと多くの教師が「次も教師になりたい」と思える、その一助となれば幸いです。

　ともに頑張りましょう！

瀧澤　真

●参考文献

河野英太郎『99％の人がしていないたった1％の仕事のコツ』ディスカヴァー・トゥエンティワン、2012年
ケリー・グリーソン、楡井浩一訳『なぜか、「仕事がうまくいく人」の習慣4.0』PHP研究所、2009年
土井英司『「伝説の社員」になれ！』草思社、2007年
永田豊志『結果を出して定時に帰る時短仕事術』ソフトバンククリエイティブ、2010年
吉越浩一郎『「残業ゼロ」の仕事力』日本能率協会マネジメントセンター、2007年
小山龍介『整理HACKS！』東洋経済新報社、2009年
山本憲明『「仕事が速い人」と「仕事が遅い人」の習慣』明日香出版社、2013年
学研パブリッシング編『人生が変わる！手帳＆ノート整理術』学研パブリッシング、2013年
仕事の教科書編集部編『結果がすぐ出る時間術』学研パブリッシング、2014年
ロバート・C・ポーゼン、関 美和訳『ハーバード式「超」効率仕事術』早川書房、2013年
箱田忠昭『「できる人」の時間の使い方』フォレスト出版、2005年
三谷宏治『特別講義 コンサルタントの整理術』実業之日本社、2010年
齋藤 孝『仕事力』筑摩書房、2008年
中村文昭『お金でなく、人のご縁ででっかく生きろ！』サンマーク出版、2003年

著者紹介

瀧澤　真（たきざわ　まこと）

1967年埼玉県生まれ。1992年より千葉県公立学校教諭、台北日本人学校派遣教員等を経て、現在は、袖ケ浦市立蔵波小学校教頭。木更津国語教育研究会代表。日本国語教育学会会員。

主な共著に『書く力をつける一文マスターカード低学年・中学年・高学年』『子どもを動かす国語科授業の技術20＋α』『作文力を鍛える新「作文ワーク」小学6年・中学校』（以上、明治図書）、『10の力を育てる出版学習』（さくら社）などが、著書に『まわりの先生から「あれっ、授業うまくなったね」と言われる本。』『まわりの先生から「おっ！クラスまとまったね」と言われる本。』（ともに学陽書房）がある。また、「教育技術」（小学館）等雑誌への掲載も多数。

ご質問や講師依頼は、mmmtakizawa@yahoo.co.jp まで。

まわりの先生から「すごい！残業しないのに、仕事できるね」と言われる本。

2017年2月27日　初版発行

著　者　瀧澤　真（たきざわ　まこと）
発行者　佐久間重嘉
発行所　学陽書房
〒102-0072　東京都千代田区飯田橋1-9-3
営業部　TEL 03-3261-1111　FAX 03-5211-3300
編集部　TEL 03-3261-1112
振替　00170-4-84240
http://www.gakuyo.co.jp/

ブックデザイン／佐藤博　イラスト／岩田雅美
DTP制作／岸博久（メルシング）
印刷／加藤文明社　製本／東京美術紙工
©Takizawa Makoto 2017, Printed in Japan
ISBN 978-4-313-65329-0　C0037
乱丁・落丁本は、送料小社負担にてお取り替え致します。
定価はカバーに表示してあります。

JCOPY ＜出版者著作権管理機構　委託出版物＞
本書を無断複製は著作権法上での例外を除き、禁じられています。複製される場合は、そのつど事前に、出版者著作権管理機構（電話 03-3513-6969、FAX03-3513-6979、e-mail : info@jcopy.or.jp）の許諾を得てください。